Their Suicide And We...

그들의 자살, 그리고 우리

한국사회 자살의 경향을 말한다

조성돈·정재영 지음

벼랑 끝에서 고민했을 그들과
보낸 이의 고통 중에 있을 유가족들에게
이 책을 드립니다.

예영커뮤니케이션

그들의 자살, 그리고 우리

초판 1쇄 펴낸 날·2008년 10월 14일
개정증보 1쇄 펴낸 날·2015년 10월 10일
지은이·조성돈·정재영 지음
펴낸이·원성삼
등록번호·제2-1349호(1992. 3. 31)
펴낸 곳·예영커뮤니케이션
주소·(136-825) 서울시 성북구 성북로6가길 31
홈페이지 www.jeyoung.com

출판사업부·
T: (02)766-8931 / F: (02)766-8934
E-mail: jeyoung@chol.com

출판유통사업부·
T: (02)766-7912 / F: (02)766-8934
E-mail: jeyoung@chol.com

ISBN 978-89-8350-927-7 (03230)

*잘못 만들어진 책은 교환해 드립니다.

값 9,000원

모든 인간은 하나님의 형상을 닮은 존엄한 존재입니다. 전 세계의 모든 사람들은 인종, 민족, 피부색, 문화, 언어에 관계없이 존귀합니다. 예영커뮤니케이션은 이러한 정신에 근거해 모든 인간이 존귀한 삶을 사는 데 필요한 지식과 문화를 예수 그리스도의 사랑으로 보급함으로써 우리가 속한 사회에 기여하고자 합니다.

개정증보판

Their Suicide And We..

그들의 자살, 그리고 우리

한국사회 자살의 경향을 말한다

조성돈·정재영 지음

예영커뮤니케이션

들어가며

자살이라는 주제는 우리 안에서 터부시되어 왔다. 입에 올리는 것만으로도 불경하게 생각했고, 죽은 자들에 대한 예도 아닌 것처럼 생각했다. 그리고 가족 가운데 자살한 사람이 있으면 숨기려 했고, 그것이 남은 자들에 대한 배려라고 생각했다. 그리고 그 단어를 떠올림으로써 또 다른 자살자를 만들어 낼 수 있다는 두려움마저도 있었다. 그러나 일년에 12,174명, 하루 평균 33명이 자살로 죽어 가고 있는 대한민국의 현실에서 이제 자살은 더 이상 피할 수 없는 뜨거운 감자다.

그동안 자살은 개인적 문제라고 생각했다. 신문에 나오는 몇 줄 기사에 의존해 그들은 실연 때문에, 카드빚 때문에, 성적 때문에 그렇게 자살하는 줄 알았다. 그런데 관심을 가지고 통계를 보면 다른 관점이 나온다. 2007년 죽은 자들의 원인을 보면 자살은 암, 뇌혈관 질환, 심장 질환에 이어서 사망 원인 4위이다. 이것은 당뇨병보다 높은 수치이기도 하다. 적지 않은 경우 유가족들이 자살이라는 사망 원인을 숨기는 경향을 고려하면 이 숫자는 더 많을 것으로 짐작된다. 그리고 자살을 생각하지만 실행에 옮기지 못하는 사람들과 시도는 했지만 죽지 않은 사람들까지 생각해 보면 정말 많은 사람들이 자살의 위험에 노출되어 있다고 할 수 있다. 이렇게 볼 때 자살의 위험에 놓여 있는 사람은 어쩌면 우리 주변에서 흔히 볼 수 있는 당뇨병 환자보다도 더 많다고 할 수 있다.

　과연 자살이 이렇게 심각한 상황이라면 '자살은 분명 사회적 질병'이라고 정의되어야 한다. 다행인 것은 요즘 국가 차원에서 자살예방 대책을 마련 중이라는 뉴스가 들리는 것이다. 그러나 어떻게 보면 자살 문제는 교회에서 중요하게 감당해야 할 영역이다. 그것의 원인이 물리적 요건도 있지만 무엇보다도 정신적인 문제이고 그 가치관의 문제라고 보기 때문이다. 그렇다면 설교 중에 들을 수 있는 몇 마디의 도전, 서로를 돌아보는 공동체적인 교회 환경, 서로를 세울 수 있는 성경에 기초한 바른 가치관의 확립 등이 분명 자살을 생각하는 사람들을 붙잡을 수 있을 것이다. 교회가 좀 더 자살에 대해서 관심을 가지고 그 이해를 넓혀 간다면 이러한 가능성은 분명 교회 가운데 열려 있다.

　이 책은 이러한 관심에서 시작되었다. 특히 사회학적 관점에서 자살이 사회적 질병이라는 것을 설명해 보려 하였고, 이러한 관점에서 교회가 이 시대에 맡겨진 역할을 감당해 줄 것을 당부하고 있다. 그리고 자살이 단순히 믿음의 문제만이 아니라 상당히 복합적으로 살펴보아야 할 부분들이 있음을 보여 주려고 노력했다. 좀 더 실제적으로 설문조사를 통해 자살에 대한 개신교인의 인식 조사를 행하였고, 심층적으로는 자살을 심각하게 고려하였던 일곱 사람과 인터뷰를 하여 그 내용을 정리하였다. 이 조사는 2007년 여름 〈목회와 신학〉의 도움으로 이루어졌다.

 이 책이 출간에 이르기까지 도움을 주었던 이들이 있다. 우리의 연구를 믿고 설문조사와 인터뷰를 마련해 주신 〈목회와 신학〉, 특히 최원준 편집장님, 여러 가지 조언과 격려를 주셨던 수원시자살예방센터의 이영문 교수님 등에게 진심어린 감사를 드린다. 그리고 어려운 출판 여건에서도 책을 출판해 주신 예영커뮤니케이션 김승태 사장님께도 감사의 마음을 전한다.

 책이 아직 부족한 부분들이 많이 있음을 고백한다. 그럼에도 불구하고 더 미룰 수 없다는 절박감이 책의 출간으로까지 이어졌다. 부디 작은 디딤돌에도 불구하고 이 책을 통하여 교회에서 많은 관심들이 일어나고 생명을 살리는 일들이 일어나기를 기대해 본다.

2008년 10월
인후리 기슭에서
김성돌 · 정재영

개정판 서문

2008년 10월 이 책을 처음 내고 한 인터넷 언론과 인터뷰를 한 적이 있다. 인터뷰 중에 "자살했다고 다 지옥에 가는 것은 아니다."라는 취지의 이야기를 했었는데 그 부분의 반향이 컸다. 그 기사 아래로 댓글이 400여 개가 따라붙었는데 대부분 저자들에 대한 저주와 폭력적인 언사들이었다. 어쩌면 그때 연예인들이 왜 댓글 때문에 죽음을 생각하는지를 처음 경험하게 되었던 것 같다.

2008년이면 불과 6년이 조금 지난 때였다. 그때만 해도 "자살한 사람이 다 지옥 가는 것은 아니다."라는 언급은 그만큼 위험한 발언이었다. 그때 자살에 관련된 우리의 인식은 그 정도에 머물러 있었다. 이렇게 본다면 현재 한국교회가 갖고 있는 자살에 대한 인식 수준은 그야말로 격세지감을 느끼게 한다.

그런 반향 때문이었는지 본서 『그들의 자살, 그리고 우리』를 펴낸 공로를 인정받아 그 이듬해인 2009년 세계자살예방의날에 한국자살예방협회 생명사랑대상(학술부문)을 수상했다. 기독교계뿐만 아니라 종교계 전반에 걸쳐서 이러한 논의를 이끌어 낸 저서는 아마 이 책이 유일했던 것 같다.

이후 신학계에서 자살에 대한 연구는 활발해졌다. 특히 한국실천신학회에서 특집으로 자살에 대한 논의가 있었고, 연이은 관련 논문들이 나왔다. 또 자살에 대한 몇 권의 저서들이 이어졌고, 교계에서 자살과 관련된 논의가 활발해진 것은 상당히 고무적이다.

이후 LifeHope(기독교자살예방센터)가 2012년 설립되었다. 이제 자살예방활동을 좀 더 체계적이고 적극적으로 펼쳐 나가기 위해 조직을 만든 것이다. 현재 LifeHope는 그 어느 민간단체보다도 활발하게 자살예방활동을 펼쳐 나가고 있고, 2013년도에는 설립 1년여 만에 보건복지부장관상을 수상하는 영광을 얻기도 했다.

이 책을 쓴 우리 저자는 목회사회학과 종교사회학을 연구하는 학자이다. 본서 역시 그러한 관점에서 자살에 접근하고 서술되었다. 사회학의 특징은 보통 어떤 사회의 문제를 제기하고 또 다른 문제로 관심을 이동하는 것이다. 이 책을 쓸 때만 해도 그러하리라고 생각했다. 이렇게 문제제기를 하면 자살예방과 가까운 기독교상담이나 목회자들이 나서서 이 일을 감당해 줄 것이라고 생각했다. 그러나 그렇게 나서는 사람이나 기관은 없었다. 그래서 한 발, 한 발 다가서다 보니 이 문제에 더욱 천착하게 되었고, 어느덧 센터를 설립하여 운영까지 하게 되었다.

지금도 이 힘든 일에 왜 뛰어들었을까 하는 마음이 들다가도 사랑하는 가족을 끔찍한 일로 잃은 유가족들과 지금도 죽음의 유혹과 싸우고 있는 많은 우리의 형제자매들을 생각하며 마음을 다잡는다. 그들을 생

각할 때마다 마음이 무너지는데, 그럴 때마다 하나님은 얼마나 슬퍼하
실까 하는 생각에 소명으로 이 일을 간직하게 된다.

생명에 관해서 교회는 분명 이 사회를 향해서 할 이야기가 있다. 교회
는 생명의 근원이신 하나님을 담지하고 있기 때문에 생명의 공동체일 수
밖에 없다. 지금 자살이 이 땅에 이렇게 만연한 것은 죽음의 문화가 이
곳을 지배하고 있기 때문이다. 죽음을 향한 가치관, 죽음을 선택하는
우리의 생각들이 바로 그 죽음의 문화이다. 자살을 예방하려면 이 죽음
의 문화를 극복할 수 있는 생명의 문화를 만들어 내야 한다. 그래서 죽
음이 아니라 생명의 가치관이 이 땅에 널리 퍼져야 한다. 교회는 바로
이 지점에서 그 역할을 감당할 수 있다. 우리가 갖고 있는 이 생명을 사
람들과 함께 나눈다면 생명의 문화를 만들어 갈 수 있는 것이다. 바라기
는 이 책이 그러한 일에 조그만 보탬이 되었으면 한다.

개정판에서는 지난 통계를 수정하였고, 그간 이루었던 연구와 활동을
더 실었다. 예를 들어 이 책이 나온 후 출판기념세미나에서 발표한 설교
지침 등이 추가되었다. 그 외에도 LifeHope의 소개가 첨가되었다.

끝으로 이 책이 나올 수 있도록 격려하고 이끌어 주신 예영커뮤니케이션의 고 김승태 대표를 기억한다. 그는 지난 2013년 2월 불의의 사고로 하나님의 부르심을 받았다. 천국의 소망이 우리를 위로하지만 귀한 이의 죽음은 남은 이의 마음을 무너뜨린다. 다시금 그의 열정을 기억하며 감사를 드린다.

2015년 10월
개정판에 부쳐
김성돈 · 정재영

CONTENTS

차 례 ■■■■■■■■■■■

CONTENTS

2부 자살에 대한 교회의 이해와 현실

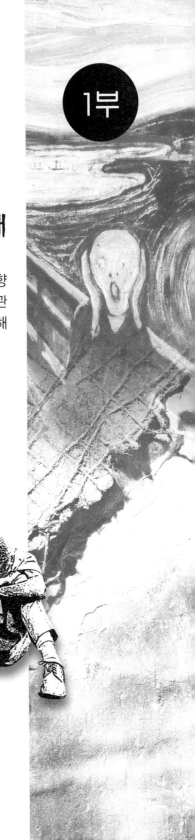

자살에 대한 이해

1부

1. 한국사회의 자살 경향

　자살에 관한 사회학적 고전인 에밀 뒤르케임의 자살론에 의하면 모든 사회적 집단에는 유기적 및 심리적인 개인의 체질이나 물질적인 환경으로서 설명할 수 없는 특이한 자살경향이 있다고 한다. 이것은 각 개인으로서 자살하는 사람들이 있기는 하지만 그 모든 것을 사회적으로 종합하여 볼 때에 어떤 경향성을 갖게 된다는 것을 의미한다. 즉 각 개인으로 볼 때 그들의 자살은 그 개인의 특별한 사정과 여건으로 설명될 수 있지만 그것을 사회적 관점에서 볼 때는 특정한 경향성을 갖게 된다는 것이다. 뒤르케임은 19세기 말 유럽에서 일어난 2만 6000건의 자살기록을 분석하여 자살의 경향을 분석해 냈다. 그렇다면 과연 21세기 대한민국에서도 그와 같은 자살의 경향을 말할 수 있을까.

　한국사회의 자살 경향을 볼 수 있는 가장 좋은 자료는 통계청에서 매해 사망신고서 내용 중 사망원인 항목을 집계한 '사망원인 통계결과'이다. 이 자료에 보면 지난 한 해 동안 사망에 이른 사람들의 원인을 다각도로 분석해 놓아서 자살이라는 항목으로 살펴보면 한국사회에서 자살이 어떠한 모습을 갖고 있는지를 볼 수 있다. 통계청이 2014년 9월에 내놓은 "2013년 사망원인통계결과"에 따르면 2013년 한 해 동안 사망한 사람들 중 자살에 의해 죽음에 이른 사람이 1만 4,427명에 달한다. 이는 하루 평균 40명이 자살한 것을 의미하고 인구 10만 명당 28.5명이라

제1부 자살에 대한 이해 ● 17

는 경이적인 자살률을 의미한다. 이것은 자살률로 볼 때 30개의 OECD 국가 중 가장 높은 수치로 일본이 2011년에 보여 준 20.9명보다도 훨씬 높은 것이다.

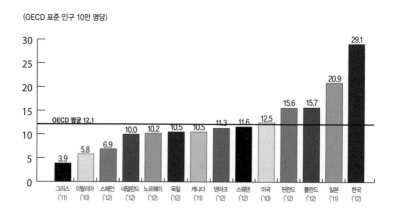

(OECD 표준 인구 10만 명당)

OECD 평균 12.1

그리스('11) 3.9, 이탈리아('10) 5.8, 스페인('12) 6.9, 네덜란드('12) 10.0, 노르웨이('12) 10.2, 독일('12) 10.5, 캐나다('11) 10.5, 덴마크('12) 11.3, 스웨덴('12) 11.6, 미국('10) 12.5, 핀란드('12) 15.6, 폴란드('12) 15.7, 일본('11) 20.9, 한국('12) 29.1

자살, 사회적 질병

이 통계를 좀 더 구체적으로 살펴보면 자살에 대한 심각성이 나타난다. 사망 원인별로 나누어 보면 2013년 한국 사람들은 암으로 인해서 가장 많이 사망하였고, 그다음은 뇌혈관 질환 그리고 심장질환으로 나타나며 전체적으로 사망원인 4위는 자살이다. 이것은 성인병 질환으로 우리가 많이 알고 있는 당뇨병보다도 높은 수치이고 간질환이나 운수사고, 고혈압이나 폐렴보다도 높은 것이다. 다시 말해서 자살은 이제 한국 사회에서 그 어떤 질병보다도 심각하게 우리의 생명을 위협하고 있는 사회적 질병으로 보아야 한다는 것이다.

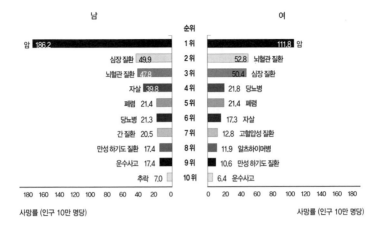

남		순위		여
암	186.2	1위	111.8	암
심장 질환	49.9	2위	52.8	뇌혈관 질환
뇌혈관 질환	47.8	3위	50.4	심장 질환
자살	39.8	4위	21.8	당뇨병
폐렴	21.4	5위	21.4	폐렴
당뇨병	21.3	6위	17.3	자살
간질환	20.5	7위	12.8	고혈압성 질환
만성 하기도 질환	17.4	8위	11.9	알츠하이머병
운수사고	17.4	9위	10.6	만성 하기도 질환
추락	7.0	10위	6.4	운수사고

사망률 (인구 10만 명당)   사망률 (인구 10만 명당)

  이것을 연령대 별로 나누어 보면 더한 심각성에 직면하게 된다. 자살
은 이제 10대, 20대와 30대에서 사망원인 1위이다. 10대와 20대에서 2
위는 운수사고이고, 30대에서 2위는 암이다. 이 연령대에서는 자살이
교통사고와 암보다도 더 심각하게 우리의 생명을 위협한다. 40대와 50
대부터는 암이 가장 심각한 사망원인으로 나타나는데 이후에는 자살이
중요한 사망원인이다. 그리고 60대에서도 자살이 사망원인 5위로 심각
하게 나타나고 있는 것을 볼 수 있다. 이러한 통계를 볼 때에 자살은 어
느 한 연령층에 집중되어 있다기보다는 전 연령층에서 나타나는 심각한
사망요인이라는 것을 알 수 있다.

  또 살펴볼 수 있는 것은 자살한 사람들의 연령별 비율이다. 전체 자
살사망자를 100으로 놓고 연령대 별로 그 비율을 살펴보면 2004년 기
준 40대가 자살자 중 가장 많은 수치를 차지하여 21%에 이르고, 다음
이 60대로 16.3%, 30대가 15.8%, 70대가 13.8%, 20대가 9.4%, 10대
가 2.1%로 나타난다.

표 1 연령별 자살구성

	1위	2위	3위	4위	5위	6위	7위	8위
2002년	40대 (20.3%)	30대 (19.1%)	70이상 (17.3%)	50대 (14.7%)	60대 (14.0%)	20대 (11.8%)	10대 (2.7%)	
2003년	40대 (20.6%)	30대 (17.7%)	60대 (15.8%)	50대 (14.7%)	20대 (11.2%)	70대 (11.0%)	80대 (6.2%)	10대 (2.7%)
2004년	40대 (21.0%)	60대 (16.3%)	30대 (15.9%)	50대 (15.8%)	70대 (13.8%)	80대 (10.4%)	20대 (9.4%)	10대 (2.1%)

자살의 경향

위와 같은 통계를 통해 몇 가지 대한민국의 자살 경향을 살펴볼 수 있다. 첫째는 장년층의 자살이 심각하다는 것이다. 보통 사람들은 생각하기를 자살은 젊은 사람들이나 사춘기의 청소년들이 많이 하는 것으로 생각하기 쉽다. 보통 우리도 자살 원인이라면 성적비관이나 실연 등이 많이 떠오른다. 최근에 이르러서는 우울증이라는 원인으로 젊은 여성들의 자살이 관심을 끌고 있기도 하다. 이렇게 된 데는 아마 언론보도가 일반적인 사건을 보여 주는 것이 아니라 사람들의 이목을 끌 수 있는 사건들을 보도하기 때문일 것이다. 또한 20대 여성 연예인들의 자살로 인해 사람들이 자살은 젊은이들이나 우울증의 빈도가 높은 여성들에게서 나타난다는 오해를 하기 쉽다. 특히 언론에서 그들에 대해 집중적으로 다루고 그 이후에 이어지는 모방자살, 즉 베르테르 효과에까지 관심을 가지면서 사회는 자살에 대한 경각심을 다른 방향으로 몰고가고 있지 않는가 하는 생각이 든다.

자살에 대한 오해

그러나 위의 통계에서 볼 수 있는 바와 같이 10대와 20대의 자살은 그렇게 주목할 수 있는 수준은 아니다. 오히려 30대 이상에서 자살이 심각하게 나타나고 있다. 전에는 '우리가 늙으면 죽어야지' 하는 노인들의 한탄을 3대 거짓말이라고 이야기하곤 했는데 이 통계를 보면 노인들의 이러한 말이 이제는 그냥 하는 말이 아니라 실제로 나타난다는 것을 알게 된다. 여기서 더 주목해야 할 것은 이러한 노인자살률은 시간이 흐를수록 더욱 심각해지고 있다는 점이다. 자살자 중 60대 이상이 차지하고 있는 비율은 2004년 40.5%에 이른다. 이것은 2002년 31.3%, 2003년 33%에 비하여 아주 급격하게 늘고 있는 추세인데 우리는 여기에 주목해 보아야 한다. 특히 이러한 비율로서가 아니라 조사망률(인구 10만 명당 사망자 수)로 보면 연령대가 올라갈수록 심각해지는데 60대는 40.7명, 70대는 66.9명, 80세 이상은 94.7명에 이른다. 이것은 평균 자살률 28.5명에 비한다면 아주 놀라운 숫자라고 할 수 있다. 이러한 경향이 나타나는 이유로서는 무엇보다 가족의 해체라고 볼 수 있다. 우리 사회는 노인 문제를 사회적 시스템에 의존하기보다는 가족에 일임한다. 그러나 우리가 알고 있는 바와 같이 가족이 해체됨으로 말미암아 노인들의 문제가 심각하게 나타나고 있다. 더군다나 평균 수명은 늘어나고 있는데 경제 문제는 해결되지 않고 핵가족을 넘어 깨진 가족이 된 자녀들에게 기대할 것도 없는 상황이 나타나고 있는 것이다. 가족이라는 공동체의 해체가 가져오는 문제라고 볼 수 있다.

또 우리가 주목해 보아야 할 것은 이 사회의 중추적 역할을 감당하는 30대와 40대의 자살이다. 이 연령대가 자살한 사람들 중에 차지하는 비중이 36.9%이다. 여기에 50대의 연령층을 합하면 50%를 훌쩍 넘어가는 수치가 나온다. 어떻게 보면 인생의 황금기이고 동시에 이 사회를 이끌어 가는 이 연령층에서 이러한 높은 자살률이 나온다는 것은 현재 이 사회가 건전하지 못하다는 것을 보여 주는 방증이다. 특히 가장 높은 비중을 차지하고 있는 40대는 정말 가장 열심히 일하여야 할 때이고 가정적으로도 한참 사춘기의 아이들을 양육하고 있을 때인데 스스로 죽음을 선택하는 상황에 직면한다는 것은 언뜻 이해가 가지 않는 부분이다. 사회의 건전성을 담보한다는 차원에서도 이 연령층의 자살에 대해 심각하게 고려해 보아야 할 필요가 있다.

죽어 가는 남성들

두 번째 경향은 남자의 자살률이 여자보다 훨씬 높다는 것이다. 전체적인 평균으로 보았을 때 자살한 사람들 중 2013년 기준 남자는 여자보다 2.3배 정도 더 많다. 조사망률로 보면 남자는 39.8명, 여자는 17.3명이 자살로 사망에 이르렀다. 특히 이러한 추세는 가장 많은 자살자 수를 낸 40대에 이르면 더 심각해지는데 이 연령대에서는 남자가 47.2명으로 여자 17.8명에 비해 약 2.7배가량 높게 나타난다. 50대는 그 격차가 더 벌어져서 남자가 58.0명이고 여자가 18.0명으로 약 3.2배가량이나 그 격차가 벌어지고 있다. 이러한 남녀 간의 차이는 일부에서 '자살 성공률'의 차이라고 설명하기도 한다. 스스로 자신의 목숨을 끊는다는 것이 그렇게 쉬운 것은 아니므로 자살을 시도하더라도 죽음에 이르는 것은 30~50건 가운데 하나라고 보고 있다. 이렇게 볼 때 남자들이 아무래도 그 방법이 과격하기 때문에 성공에 이르는 경우가 더 많다는 것이다. 이러한 설명은 사실적인 면이 많기는 하나 그 근거가 좀 빈약해 보인다.

또 다른 설명으로 한국의 가부장적 문화를 말하면서 아무래도 남자들은 수직적인 직장 생활이나 가정문화 속에서 더 많은 스트레스를 받게 되는 것이 이유라고도 한다. 좀 더 나아가서는 한국의 남자들이 가정의 모든 문제를, 특히 경제적인 면에서는 혼자서 최종적으로 책임을 져야 하는데 그 무게가 남자들로 하여금 죽음을 생각하게 한다는 것이다. 여기서 더 나아가서 생각해 볼 수 있는 것은 경제중심의 사고로 인해 한국의 남자들이 자아정체성을 형성하고 삶의 의미를 만들어 갈 수 있는 여건을 갖고 있지 못하다는 것이다. 그러다 보니 경제적 어려움을 겪게 될 때 삶의 의미를 잃게 되고 주변이 주는 관계적 스트레스에 견디지 못하여 죽음에 이르게 되는 것이 아닌가 하는 생각을 한다.

급격한 자살의 증가 속도

세 번째 경향은 급격한 자살의 증가 추세이다. 우리가 예상할 수 있는 바와 같이 1997년 말에 찾아온 IMF가 가져다준 충격은 급격한 자살률의 증가를 가져왔다. 바로 전해, 즉 1997년 자살로 인한 사망률은 14.1명이었던데 반해 1998년에는 19.7명으로 그 숫자에 있어서 6,022명에서 8,569명으로 2,547명이나 증가했다. 그러나 그 이후 3년간 감소 추세를 보이다가 2002년을 시작으로 다시 급등하기 시작한다. 2000년에는 14.6명, 2001년에는 15.5명이던 자살률은 2002년에 갑자기 19.1명으로 거의 IMF 이후 수준으로 올라가기 시작하여 이후 2003년 24.0명, 2004년 25.2명, 2005년 26.1명으로 아주 급격하게 늘기 시작한 것이다.

이러한 증가 추세에서 눈여겨볼 부분은 무엇보다 먼저 최근에 늘어나고 있는 자살률의 급증이다. 20년 전 통계인 1993년에는 자살률이

10.6명이었고 10년 전인 2003년에는 24명으로 2013년도에 비해 20년 전에는 17.9명이 낮았던 것으로 나타났다. 이는 지난 20년간 자살률이 거의 세 배 가까이 증가한 것을 보여 주는 것으로 자살이라는 현상이 최근 10여 년간 급격하게 나타난 현상이라는 것을 보여 준다.

그리고 또 주목하여 살펴볼 것은 2002년 이후의 증가 추세이다. 우리가 쉽게 생각해 볼 수 있는 IMF의 충격 이후의 자살이 의외로 그렇게 높게 나타나고 있지 않다. 물론 1998년의 가파른 증가는 있었지만 그러한 현상은 오히려 그 이후에 또 쉽게 진정되었다. 오히려 2002년을 기점으로 급격하게 증가하였고 2003년 역시 전년도에 비해 자살률이 5퍼센트 증가하였다. 2002년은 우리가 아는 바와 같이 월드컵을 통하여 사회적으로 상당히 고무적인 상황이었고 나름 활력과 가능성이 엿보였던 때였다. 거기다 연말에 있었던 대선까지 생각해 보면 나름 여러 가지 상황이 자살이라는 암울한 상황과는 어울리지 않았던 것 같다. 그러나 사회는 자살이라는 막다른 골목으로 사람들을 몰아가고 있었던 것이다. 이것은 어떻게 보면 사회적 변화가 사람들을 정신적 혼란으로 몰아간 것이라고 볼 수 있다. 1998년의 현상은 경제적 문제로 일시적으로 나타난 것이라면 2002년 이후는 경제적 문제뿐만 아니라 사회적, 이념적 혼란으로 인한 사람들의 가치관 혼란이나 정체성 혼란으로 인한 아노미적 상황에 의한 자살이라고 이해해 볼 수 있다.

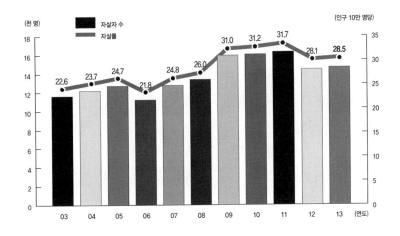

통계적 수치를 통해 위에서 살펴본 바에 의하면 한국사회에서는 일정한 자살의 경향성을 갖고 있다. 그것은 먼저 장년층의 자살이고, 둘째는 남성의 자살, 셋째는 최근 나타난 자살의 급증현상이다. 이 세 가지 경향성을 종합해 보면 한국사회의 자살은 장년 남성층의 아노미적 자살에 큰 영향을 받고 있다. 특히 인생이 성숙되어야 할 시기이며 동시에 가정이나 사회에서 중추적 역할을 감당해야 할 30대와 40대 그리고 50대 남성들의 자살에 우리는 관심을 기울여야 한다.

그러면 이들의 문제는 무엇인가. 그것은 가치관의 문제이다. 현재의 자살경향의 그 뒤에는 경제를 가치의 준거로 보는 세계관과 자아정체성이 자리하고 있다. 이 시기는 장년 남자들이 한 가정의 가장으로서 한창 경제적 책무를 다해야 할 때다. 그러나 고성장 시기를 지나면서 이전에 우리가 갖고 있던 성장의 기대는 채워지지 않고, 저성장으로 인해 늘어난 소비에 비해 적은 소득이 가장으로 하여금 심한 압박감을 느낄 수밖에 없게 만든다. 거기다 1997년 외환위기 이후 쉬워진 구조조정과 조기

정년에 대한 압박이 현재의 30-40대 남자들을 위축되게 하고 있다. 직장이 있어도 안정감을 찾을 수 없고 늘어난 가정소비에 비해 적은 수입이 가장으로서의 불안감을 갖도록 한다. 더구나 조기은퇴로 인한 장기실업의 일반화로 더욱더 이 시기의 남자들이 존재에 대한 불안감을 가질 수밖에 없다. 그러나 가정은 이들을 넉넉함으로 품는 것이 아니라 가정에서의 기능 상실로 보기 때문에 이 장년 남자들은 존재이유를 잃어버리고 마는 것이다. 이 나이의 장년 남자들의 자아정체성은 대개 직장에서의 지위나 월급으로 손쉽게 형성되는데 이러한 존재의 토대인 직장과 경제적 수익의 상실은 곧바로 존재의 위기로 이어지는 것이다.

바로 이 부분에서 교회가 가능성을 갖게 된다. 다른 것은 몰라도 복음의 능력으로 우리는 사람들에게 삶의 의미와 세계를 볼 수 있는 눈을 줄 수 있다고 본다. 그리고 이것이 자살이라고 하는 이 시대의 위험 속에서 사람들을 살리는 능력이 될 수 있다. 한 영혼, 한 영혼에 대한 사랑만큼 이 세대를 살고 있는 한 생명, 한 생명에 대한 사랑을 교회가 가져야 할 때라고 본다. 그리고 그것은 죽음에서 그들을 살릴 수 있는 가능성이 될 것이다.

부록

연예인의 자살과 모방 자살

베르테르 효과

독일의 문호 괴테가 1774년에 쓴 『젊은 베르테르의 슬픔』이라는 책이 있다. 그 내용을 보면 베르테르라는 청년이 한 무도회장에서 롯데라는 여성을 만나게 되고 운명적 사랑에 빠진다. 그러나 그녀에게는 이미 약혼자가 있다. 우여곡절이 있었지만 결국 그와 결혼하게 된다. 이러한 사실에 충격을 받은 베르테르는 결국 자살을 하고 만다. 그는 자살을 하면서 자신의 죽음이 그의 사랑하는 여인 롯데에게 평화와 기쁨이 될 것이라며 이 죽음이 오직 소수의 고귀한 사람들에게만 허락된 죽음이라며 미화한다.

괴테가 25살이라는 젊은 나이에 쓴 이 소설은 출간되자마자 당시 유럽의 젊은이들을 사로잡았다. 이들은 이 소설에 심취하였고 그 생생한 사랑의 이야기에 매료되었다. 그러나 그 결과는 여기서 끝나지 않았다. 비슷한 경험에 빠져 있는 젊은 사람들은 이 소설의 주인공 베르테르의 사랑만이 아니라 죽음까지도 따라하게 되었다. 그래서 당시 유럽 여러 나라에서는 그 주인공처럼 푸른 웃옷에 노란 조끼를 받쳐 입고는 권총으로 자살하는 사람들이 많이 나타나게 되었다. 결국 로마 교황청은 이 책을 금서로 하였고 이탈리아, 독일, 덴마크 등지에서도 발간이 금지되었다.

1974년 사회학자인 데이비드 필립스는 20년간 자살에 대한 연구를 하면서 자신이 모델로 삼거나 존경하던 인물, 또는 사회적으로 영향력 있는 유명인이 자살할 경우, 그 사람과 자신을 동일시하여 사람들이 자살을 시도하는 현상이 있다고 하였다. 실질적으로 그의 연구에 의하면 유명인의 자살이 언론에 보도된 후 자살률이 급증한다고 한다. 예를 들어 마릴린 먼로가 자살로 생을 마감한 당시 미국에서는 일시적으로 자살이 12%나 증가하였다고 한다.

그러면 한국의 경우는 어떠한가. 2005년 2월 탤런트 이은주 씨가 자살을 하였다. 당시 한 조사에 따르면 그녀의 자살 이후 서울의 7개 구에서 한 달 동안 사망 원인을 분석해 본 결과 그 이전 한 달간에 비해 자살자의 수가 2.5배 가량 늘었다고 한다. 특히 이 씨와 비슷한 나이대인 20대 자살자는 15명으로 그 전달의 7명에 비해 2배 이상 늘었다. 자살방식도 이은주 씨처럼 목을 매 자살한 경우가 80%(종전 53%)에 이르렀다. 이 기간 중 20대 자살자 15명 가운데 14명이 이 방식을 택한 것이다.

이와 같이 유명인, 특히 사람들이 직접적으로 느끼고 있는 연예인들의 자살은 사람들에게 큰 영향을 미친다. 그들의 자살이 큰 충격이 될 수도 있고, 사회적 우울증을 확산시키는 역할을 했을 수도 있다. 특히 자살을 심각하게 고려하고 있는 사람들에게 그들의 자살이 주는 영향은 결코 적지 않을 것이다. 그래서 중요한 것이 미디어들의 보도방식이다. 그들이 동일한 사건을 어떻게 보도하느냐에 따라서 사회에서 자살하는 사람이 늘어날 수도 있고 줄어들 수도 있는 것이다. 특히 유명인의 자살이 발생했을 경우 어떻게 접근하고 보도하느냐는 수많은 사람들에게 큰 영향을 미칠 수 있다.

그래서 보통 선진국에서는 자살에 대한 보도지침이라는 것이 있다. 우리나라에서도 2004년에 이미 한국자살예방협회에서 그 지침을 만들었다(자료 1). 그 내용 중 중요한 것을 요약해서 본다면 자살방법을 자세히 설명하거나 새로운 방법을 소개해서는 안 된다거나 자살이라는 표현을 너무 강조해서도 안 된다는 것들이 있다. 또는 자살의 원인을 너무 단순화하여 빚 때문에 죽었다거나 우울증을 앓다 죽었다는 식으로 보도하는 것도 피해줄 것을 권고하고 있다. 그러나 이러한 지침에도 불구하고 한국의 언론이 그런 것을 따라주는 것으로 보이지는 않는다.

몇년 전 탤런트 안재환 씨가 자살했을 경우에도 그런 모습이 드러났다. 특히 그의 자살이 조그만 소형버스에서 이루어졌고 그것이 길거리에 있었기에 더욱 그러했겠지만 TV의 카메라가 그 현장을 너무 자세히 찍어서 온 국민들에게 보여 주었다. 그리고 그가 택한 자살 방법에 대해서도 소상히 알려 주었다. 즉 연탄을 피우고 소주를 몇 병 마시고 잠든 상태에서 죽었을 것이라는 것을 자세히 보도한 것이다. 특히 이것이 가장 고통 없이 죽을 수 있는 방법이고 시신의 훼손이 없다는 등을 알려 주었으니 보도지침에 전혀 따르지 않은 것이다.

그 결과는 즉각적으로 나타났다. 연탄을 피워 놓고 자살한 사람들이 늘어난 것이다. 울산에서 한 여성이 승용차에 연탄불을 피워 놓고 자살한 일이 있었고 강원도 모텔에서도 이와 같은 일이 있었다. 그리고 국도변에 세워진 스타렉스 차량에서도 숨져 있는 사람이 발견되었다. 즉 언론의 무분별한 보도가 죽음 앞에 놓여 있는 사람들의 등을 떠민 결과가 된 것이다.

여론조사기관 리얼미터에서는 2008년 9월 16~18일 '연예인 자살 후 모방충동'을 느꼈는가에 대해서 여론 조사를 실시했다. 전국의 성인남녀 700명을 대상으로 한 이 조사에 의하면 연예인 자살 사건으로 모방 충동을 느꼈다는 응답자가 23.6%로 조사됐다. 이 조사에서 더욱 눈에 띄는 것은 남자가 27.4%로 여자 19.6%보다 월등히 높았다는 것이다. 이것은 아마 이 조사 직전에 있었던 안재환 씨의 자살과 무관하지 않다고 본다. 특히 50대 이상에서 27.5%, 30대가 26.7%, 40대가 24.1% 등으로 나오는 것으로 보아 비슷한 연령대와 상황이 모방자살의 충동을 자극한 것 같다. 이것은 이미 언급했듯이 고 이은주 씨의 자살에서도 비슷한 상황이 나타났었던 것과 비교해 볼 때 근거가 있는 것으로 보인다.

연예인들이 자살에 취약한 상황에 있는 것이 사실이다. 그들은 화려한 삶을 살지만 무대 뒤의 고독이 있고, 자신의 성공여부가 모든 사람들 앞에 적나라하게 드러나 있는 상태이다. 정상의 위치가 아니면 사람들에게 쉽게 잊혀지기 쉬운 상황도 정신적 어려움을 만들 것이다. 특히 성공욕구는 있는데 현실적으로 따라주지 않거나 어려움을 가지고 있다면 그것은 쉽게 아노미 상태로 사람을 몰아넣을 수 있고 불안을 야기하기도 한다. 의학적으로는 그들의 삶의 방식이 문제라는 지적도 있다. 우울증은 뇌의 신경 전달 물질인 세로토닌 분비 이상으로 생기는 질병인데 이것이 일조량에 큰 영향을 받는다. 그런데 밤과 낮이 뒤바뀐 연예인들의 삶이 이 세로토닌 분비 시스템에 이상을 일으키게 되어 우울증에 걸리기 쉽다는 것이다. 이와 같이 연예인들의 삶이 안정되지 않고 불안하며 쉽게 우울증에 걸리기 쉬운 상황이다.

그러나 우리가 뒤돌아볼 것은 그들을 그 우울로 몰아넣은 잔인한 사회적 분위기가 있다는 것이다. 특히 최진실 씨의 자살은 안재환 씨의 자살 이후에 이어진 여러 가지 루머가 큰 영향을 미친 것으로 나타났다. 그것은 경찰의 조사로 유포자가 있고 거짓된 것임이 드러났지만 일단 시작된 루머는 인터넷 상에서 꼬리에 꼬리를 물며 부풀려진 것으로 나타났다. 그리고 그 뒤를 이은 비난은 결국 정신적으로 연약한 상태에 있던 한 여성을 죽음에 이르도록 만든 것이다. 이것은 익명으로 가려진 인터넷 공간의 폭력이고 잔인한 사회의 살인이다.

그럼에도 불구하고 이 사회는 좀 더 냉철해져야 한다. 특히 언론은 자신들의 보도가 어떠한 영향력을 미칠 것인가를 고려하고 자살 보도지침에 충실하여 사회적 역할을 잘 감당해야 할 것이다. 결국 최진실 씨의 죽음도 하루 평균 일어나고 있는 40건의 자살 중에 하나일 뿐이다. 그와 같은 일은 2013년 한 해에만 14,427건이 일어났다. 누구든 죽으면 시체일 뿐이고 죽음이 무엇을 말한다는 것은 죽은 자의 기대일 뿐이다. 더군다나 베르테르가 생각하듯 자신이 죽어 없어짐으로 주변이 더 행복해 질 수 있는 것도 아니다. 그리고 자신이 처한 그 죽을 듯한 상황도 돌이켜 보면 아픔에 의한 것이긴 해도 한낱 추억에 불과한 것이다. 남는 것은 사랑하는 사람을 떠나보낸 유족들의 아픔뿐이다. 이러한 사실은 그것이 유명인이든 무명인이든 동일하다. 죽음 앞에서 사람은 다를 것이 없는 육체임을 알아야 한다. 언론의 보도 역시 이러한 생각으로 사건을 따라가야 할 것이다. 그리고 책임 있는 보도자세가 필요하다.

2. 자살에 대한 이론 개관

자살은 매우 복잡한 문제로서 생물학적, 심리학적, 그리고 사회학적 요인들이 복합적으로 작용하는 문제이다. 우리가 가장 큰 관심을 갖고 있는 사회학 이론에 대해서는 뒤에서 자세하게 살펴볼 것이므로, 여기에서는 사회학을 제외한 여러 학문의 관점에서 자살을 어떻게 보는가에 대해서 간략하게 기술하도록 하겠다.

정신병리학 이론

자살의 가장 일반적인 요소는 정신병리 또는 정신질환이라고 할 수 있다. 1959년 로빈 등에 의하면 자살자의 94%가 정신과적 질환을 가지고 있다고 했으며, 그중 대부분은 우울증이었다고 보고했다. 그리고 1990년에 행해진 유사한 연구에서도 자살자의 90%가 정신과적 질환을 가지고 있었으며 그 외에 사랑하는 사람의 상실, 경제적 이유, 사회적 지위의 상실 등이 자살의 이유였으며 생명을 위협하는 질환에 의해 자살한 사람은 전체의 5%에 불과하다고 한다. 즉 대부분의 자살은 치료할 수 있는 정신과적 질환에 의한다는 것이다. 자살자의 45-70%가 우울증 환자였으며 우울증 환자의 15%가 자살한다고 보고되고 있다.

1997년에 영국의 해리스와 브라이언 베어클라우가 내놓은 연구 결과는 어떤 종류의 정신질환이 자살 위험을 높이는지를 보여 준다. 그들에 따르면 13개국 38건의 연구 결과를 검토한 결과, 정신분열증 환자의 자살 가능성이 일반 사람들보다 8배 이상 높은 것으로 나타났다. 예전의 심각한 자살 기도는 예상 위험률을 38배로 끌어올렸고, 우울증을 앓거나 약물 의존성을 보이는 사람들은 20배, 조울병을 앓는 사람들은 15배나 더 높았다. 흥미로운 것은 다발성경화증이나 암과 같은 심각한 내과질환에 따른 자살보다 정신질환에 의한 자살이 더 많다는 것이다. 이러한 통계는 현재 의학적 질환 전체를 놓고 보더라도 그 사망률이 대단히 높은 것이다. 또한 불안 장애가 자살의 주요 이유로 보고되고 있다. 특히 공황 장애의 경우 20%의 환자가 자살을 시도한다고 보고되고 있으며 우울증과 마찬가지로 불안 장애 환자도 스스로의 증상을 완화하기 위하여 술 혹은 약물을 남용하는 사례가 많으며 이 또한 자살에 기여하고 있다.

　　정신의학자들에 따르면, 약물 남용은 자살의 가능성을 일반 인구에 비하여 약 5배 정도 증가시킨다. 자살자가 앓고 있던 질환을 분류해 보면 우울증 다음에 약물 중독 특히 알코올 중독의 경우가 가장 많다. 그 중 약물을 남용하는 이삼십 대의 남성이 자살할 가능성이 가장 크다. 또한 우울증과 약물 남용을 동시에 가지고 있을 경우 그 위험은 더욱 증가한다. 정신분열증 환자의 경우 약 10% 정도가 자살로 생을 마감한다. 이들의 자살은 주로 젊은 나이의 지적 능력이 있는 남자에 많으며 급격한 정신병적 상태일 때보다는 병세가 호전되어 조절이 가능해져서 자신이 겪은 정신병적 상태에 대한 이해를 하게 될 때 우울을 경험하면서 자살하는 경우가 많다.

　　이와 관련하여 사회 환경과 개인의 특성을 고려한 사회정신의학이론은 대개 스트레스 대처 모형으로 자살을 설명한다. 이 이론에서는 스트레스가 개인의 대처능력을 넘어설 만큼 커질 때 자살을 포함한 부적응 행동이 생긴다고 본다. 대처능력의 심리적 특성으로는 성격 특성, 우울 장애, 통제 소재(locus of control), 문제의 귀인, 문제 해결 기술이 포함되는데, 이것이 스트레스와의 상호작용을 통해 자살 행동에 영향을 준다는 것이다. 또한 통제 소재와 우울 장애는 스트레스 대처 능력의 내적 자원, 사회적 지지도는 외적 자원으로서 정신 장애를 예방하는 완충 역할을 하고 있다고 한다. 이러한 가설은 자살 기도자의 80%가 임상적으로 우울 증세를 보이며, 우울환자의 10~15%가 자살을 시도한다는 연구 결과에 힘입어, 정신의학이 자살을 질병의 하나로 보고 치료에 개입을 하도록 돕고 있다.

심리학 이론

심리학자들은, 자살의 행위는 지극히 개인적인 행위이기 때문에 이러한 환경적 요인에서 일어날 수 있는 개인적 결정요인을 무시하고는 진정한 의미에서의 자살의 동기를 연구하기에 부족하다고 본다. 그것은 아무리 환경적 요인이 중요하다고 하더라도 결국 자살의 행위가 최종적으로 결정되고 시도되는 그 주체는 개인 혹은 그 개인의 심리이기 때문에, 그 개인의 심리적 동기에 대한 탐구가 선행되지 않고는 외부적 인자의 나열만으로 자살을 진정으로 이해하기 힘들다는 것이다. 이러한 이유 때문에 프로이트를 필두로 한 많은 심리학자들이 심리학의 관점에서 자살을 연구해 왔다.

자살의 심리를 한마디로 정의하기는 상당히 어려우나, 프로이트의 정신분석학 이론은 인간에게 자기를 파괴하려는 본능이 있다고 말한다.

프로이트가 설명한 자기파괴충동은 정상적인 사람은 자아기제를 통해 통제되지만, 자아가 약해진 상황에서 공격성이 실질적으로 표현된다. 그의 이론은 우울성에 기초하는데, 우울증 환자의 경우 타인에 대한 공격성을 표출하지 못하기 때문에 그러한 공격성이 자신을 향하게 된다는 것이다. 그는 삶에의 본능과 더불어 죽음의 본능을 인간이 함께 공유하고 있으며, 이러한 죽음의 본능이 표현되는 상황 중에서 가장 극단적인 경우가 자살이라는 것이다.

프로이트는 인간이 사랑하는 대상인 사람이나 사물 혹은 이데올로기 등을 상실했을 때 애도를 느끼지만 이런 일시적인 상태를 벗어나지 못하고 병적인 상태에 머무를 때 우울증이 나타난다고 주장하였다. 여기서 대상이란 "성적 또는 공격적 에너지가 부탁된 심리적 표상"이라고 정의하였다. 대상 또는 심리적 표상이라는 개념은 성 발달을 기초에 깔고 있는데, 아이가 젖을 주는 대상(어머니)에 대한 쾌와 불쾌라는 양가감정을 가지면서 이 복합적인 감정에너지를 대상에 접합시킨다. 이렇게 대상 부탁이 이루어지는 관계를 대상관계라고 하고, 이 관계의 상실을 대상 상실이라고 하였다. 어떤 사람들은 자신의 심리적 상태를 유지할 때 대상에 과도한 집착을 하는 나머지 그 대상을 상실했을 때 자신의 전부를 잃은 듯한 느낌을 갖는다는 것이다. 우울증 환자들은 자아를 대상과 동일시하면서 대상에 대한 양가감정을 자신에 대한 가학적 처벌로 방향을 돌려 외부로 표출해야 할 분노를 자신에게 돌리게 되고 결국 대상이 아닌 자기 자신을 죽이고자 하는 충동을 느끼게 되는 것이라고 하였다.

심리학자들은 일반적으로 자살을 유발하는 심리적 위험요인으로서 다음과 같은 점들을 든다. 첫째 요인으로서 참을 수 없는 심리적 고통이다. 자살을 격발시키는 요인은 참을 수 없는 고통, 깊은 고뇌(anguish)이다. 이러한 상태는 그 당사자로 하여금 희망 없음(hopelessness)과

무력감(helplessness)을 느끼게 한다. 둘째 요인인 협소하고 경직된 사고는 자살 상태의 일반적인 특징이며, 가장 치명적인 부분이라 할 수 있다. 자살자들은 자살을 현재의 어려움에 대한 유일한 해결책으로 보는 경향이 있다. 이들은 모든 것이 희망이 없으며, 더욱 좋아지지 않을 것이라고 생각하고 확신하곤 한다. 셋째 요인으로서 양가적 태도이다. 자살자들은 삶에 대해 종종 매우 양가적이고 모순적인 태도를 취할 수 있다. 넷째 요인은 정신질환(mental illness)이다. 가장 흔한 정신질환은 우울증(depression)과 정신분열증(schizophrenia)이다. 다섯째 요인은 취약성(vulnerability)이다. 자살자들은 매우 예민하고 약한 측면이 있다. 나아가 자가 자신에 대한 긍정적 지각이 부족하고 개인적 장점에 대한 확신이 부족하다. 여섯째 요인은 대인관계에서의 문제이다. 자살자들은 종종 외로움을 느끼기 쉽고, 타인들과 적절한 관계형성 맺기를 어려워한다. 이들은 다른 사람들과 친숙함을 느끼지 못할 뿐 아니라 갈등과 거부를 경험하곤 한다. 이들은 자신이 가족이나 친구, 사회로부터 환영받지 못한다고 지각한다. 일곱째 요인은 상실(loss)을 들 수 있다. 상실(배우자와의 사별, 퇴직, 건강상의 문제, 사회적 곤란과 수치 등)은 종종 자살의 격발요인이 된다. 분노와 공격성을 잘 해소하지 못할 때 이런 행동경향이 강화될 수 있다. 마지막으로, 여덟째 요인은 회피(escape)이다. 자살은 희망이 없고 견디기 쉬운 상황에서 회피할 수 있는 주요한 수단으로서 인식된다.

철학 이론

자살, 즉 "suicidium"이란 말은 17세기에 라틴어 sui(self)와 cidium(to kill을 뜻하는 caedere에서 파생)의 합성어로 만들어진 라틴

어투이다. 일반적으로 이 말은 첫째로, 죽게 되는 자가 죽게 되리라는 것을 알고 있는 상황을 피하지 않고 죽는 것과 둘째로, 스스로 죽음을 의도하고 죽는 것이라는 의미를 가지고 있다. 따라서 자살은 "스스로 죽을 의도로 혹은 그 외의 부수적 의도로 죽음을 착수하고 죽는 것"으로 정의되어야 한다. 아무튼 자살은 의식적, 의도적, 의지적 행위이며 그런 점에서 도덕적 행위임은 두말할 나위가 없다. 인간이 자유롭게 결정한 죽음, 즉 자살은 근본적으로 사회가 왈가왈부할 필요가 없는 개인 자신의 문제이기는 하지만 1976년 오스트리아 작가 장 아메리(Jean Amery)는 〈죽음에 대한 담론〉(Diskurs uer den Freitod)에서 사회적으로나 도덕적으로 강요와 비난에서 자유로울 수 있는 자살은 없다고 단언하였다.

고대 스토아 학파에서는 자살을 인정하기도 하였다. 스토아 학파의 이상은 자연과의 조화된 삶이었다. 그래서 삶이 자연과 조화를 이루지 못하는 것같이 보이자 자연에 적합한 이성적 대안책으로 자살이 등장하게 되었다. 인간은 자연과 조화를 이루며 살아야 하고, 이성과 자연과의 차이가 없기 때문에 인간도 이성적 삶을 영위해야 한다. 따라서 인간이 불치병으로 건강을 상실했거나 너무나 가난한 삶 속에서 고생을 한다면 그럴 경우에 더 이상 이성적으로 살아갈 수가 없으므로 자유의지에 따라 스스로 목숨을 끊어야 한다고 주장했다.

그러나 토마스 아퀴나스는 3가지 이유에서 자살이 부당하다고 주장한다. 첫째로, 자살은 자기애의 자연적 법칙에 역행하는 행위라는 것이며, 둘째로 자살은 공동선과 사회에 손해를 끼치거나 모독이 될 수 있다는 것, 즉 공동체에 대한 개인의 의무를 다하지 못한 행위로 정의에 어긋나는 죄로서 이는 아리스토텔레스로부터 연유한 것이며, 셋째로 자살은 생명에 대해서 절대권을 행사하는 신의 권위를 침해하는 행동이라는 것으로 이는 플라톤에게서 연유한 것이다.

실존철학자인 사르트르는 "자살은 내 삶의 행위이기에 스스로 의미를 요구하는데, 그러한 의미는 미래만이 줄 수 있다. 그러나 자살은 내 삶의 마지막이기에 미래를 부정한다. 따라서 자살은 완전히 불확정적인 것으로 남게 된다. 따라서 자살은 내 삶을 부조리 속에서 몰락하게 만드는 부조리이므로 자살을 인정할 수 없다."고 말한다. 즉, 부조리에 대한 거부로서 자살을 거부하는 것이다. 마찬가지로 까뮈에게도 부조리에 대한 거부는 자살을 하지 않는 것을 의미하였다.

윤리학 이론

자살이란 자기 손으로 자기 목숨을 끊는 행동을 뜻한다. 그러면 자기 손으로 자기 목숨을 끊는 모든 행동은 윤리적으로 부당한 행동인가? 우선 자살은 자기 손으로 직접 자기 목숨을 종결시키는 행위를 뜻한다. 그런데 문제는 자기 손으로 자기 목숨을 직접 종결시키는 것은 아니지만, 자기 목숨을 종결시키는 상황을 맞이하여 그 상황을 피해갈 수 있음에도 불구하고 그 상황을 의도적으로 피하지 않고 맞이하는 경우이다. 이 경우에 죽이는 행동이 사람에 의하여 수행되었다면 이 행위는 명백히 타살이다. 자기 목숨을 자기 손으로 종결시키는 첫 번째 경우와는 달리 두 번째 경우는 자기 목숨을 자기 손으로 종결시키는 첫 번째 경우와는 달리 두 번째 경우는 자기 목숨을 종결시킨 원인이 외부적인 요인이긴 하지만 그 요인을 피해갈 수 있는데도 불구하고 피해가지 않은 것이므로 자신의 목숨을 종결시킨 행위에 대한 책임을 첫 번째 경우와 같이 본인이 담당해야 한다는 점이다. 목숨 종결의 원인이 본인의 결단에 있다는 점에서 두 경우의 차이는 없다고 볼 수 있다.

첫 번째 경우이든 두 번째 경우이든 중요한 것은 윤리적으로 문제가 되는 경우는 본인의 자유로운 결단에 의하여 행위를 하는 경우라는 사실이다. 본인의 자유로운 결단에 의하여 한 행위가 아닌 경우, 예컨대 우울증이나 치매와 같이 자유로운 결단을 행사할 수 없는 정신질환에 걸린 상태에서 행하는 병적인 자살의 경우에는 윤리적인 비판의 대상에서 제외되어야 한다. 정신질환으로 인한 자살이 분명한 경우에는 윤리적인 옳고 그름을 따질 수 없기 때문이다. 이 경우에는 정신질환의 치료가 우선되어야 한다.

그렇다면, 행위자 스스로의 결단에 의하여 죽음에 이르는 행위는 모두 윤리적으로 문제가 되는가? 윤리학자들은 그렇지 않다고 본다. 이 경우에는 결단의 동기 또는 결단을 하게 만든 목적이 무엇인가를 따져보아야 한다는 것이다. 왜냐하면 동기나 목적이 무엇인가에 따라서 윤리적으로 정당하다고 판명되어야 할 경우가 있을 수 있기 때문이다. 자실이라 하더라도 동기나 목적이 정당하면 윤리적인 정당성을 부여받을 수 있을 것이다. 그렇다고 동기나 목적이 정당하면 모든 자살행위가 정당화될 수 있는 것은 아니다. 이 경우에는 동기나 목적이 인간의 생명을 희생시키면서까지 지켜야 할 가치인가를 따져봐야 한다.

미디어 이론

미디어의 광범위한 자살보도는 '모방 자살'(copycat suicide)을 촉발시킬 수 있다는 점에서 오랫동안 논란의 여지를 품어왔다. 1774년, 독일의 문호 괴테의 『젊은 베르테르의 슬픔』이 출판되자, 이탈리아, 라이프치히, 코펜하겐 등지에서 젊은이들의 자살이 발생하였다. 이에 유럽의 여러 국가에서 이 소설의 판매를 금지하기에 이르렀고, 자살의 전염성에 대한 사회적 인식이 싹트게 된 것이다. 20세기에 들어와 사회과학 분야에서 많은 학자들이 이러한 자살의 전염성을 '베르테르 효과'라고 부르며 연구하기 시작하였다. 현재는 자살로 인한 사망자 또는 자살을 시도했지만 실패한 생존자들이 급격히 증가하는 현상의 일부가 미디어의 영향으로 설명될 수 있다는 이론이 대두되면서 자살과 미디어의 관계, 나아가 미디어가 자살 보도에 대해 가지는 책임과 윤리성 등 민감하고도 중요한 사안들이 연구 주제로 주목을 받고 있다.

자살과 미디어의 관계에 대한 많은 연구들은, 미디어에 공개된 자살 사건이 뒤따르는 자살 사건들에 일정한 영향을 준다고 제안하며 베르테르 효과를 지지하였다. 즉, 신문이나 TV를 통해서 묘사되는 자살에 대한 기사들과 소설 속의 가상의 자살 묘사들이 일반인들, 특히 기사 내용의 자살자와 비슷한 현실적, 심리적 문제를 안고 있거나 잠재적인 자살 시도 가능성을 안고 있는 사람들에게 영향을 미쳐 자살을 유도할 수 있다는 제안들이 여러 연구자들에 의해 지지되고 있다.

대부분의 연구들이 윤리적인 제한, 곧 통제 상황에서 실제 자살 사건을 일으킨 뒤 이러한 사건에 대한 보도가 뒤따르는 자살에 영향을 주는가를 검증하는 실험연구가 애초에 불가능하기 때문에 인과관계를 직접 밝히지는 못하지만, 일반적으로 자살 사건이 기사 등을 통해 일반인들에게 넓게 공개된 경우에 자살률이 평소보다 급증하는 형태의 자료들을 보고하고 있다. 대표적인 보기는 필립스가 1947년에서 1968년 사이에 일어난 35건의 자살 사건들의 직후 4개월간의 자살률 변화를 조사한 연구결과이다. 자살 보고가 대대적으로 미디어를 장식한 달과 그 다음 달에 자살률이 평균적인 월별 자살률보다 급증한 것이다.

최근에는 미국과 캐나다 같은 북미뿐 아니라, 영국, 독일, 호주와 일본을 포함하는 다양한 국가들에서 미디어를 통한 자살보도가 후속 자살에 미치는 영향이 연구되고 있다. 그 결과들은, 부분적으로는 일치하

지 않더라도 대부분 일관성 있게 자살의 대대적인 보도 이후에 자살에
의한 사망자의 수가 급증하는 것을 보고하고 있다.

3. 자살에 대한 사회학적 이해

자살에 관한 사회학적 고전은 에밀 뒤르케임의 『자살론』이라는 책이다. 19세기말 산업화가 한참 진행된 유럽사회를 배경으로 자살에 대해 심도 있게 연구해 놓은 책이다. 그는 2만 6천 건에 이르는 자살기록을 연령, 성, 결혼상태, 자녀의 유무 등에 따라서 나라별로, 지역별로 나누어 살펴보았다. 이러한 실증적 연구를 통하여 그는 사회학에서 자살에 관해서는 그의 이론과 연구를 떠나서 생각해 볼 수 없을 정도로 하나의 규범을 만들어 놓았다고 할 수 있다. 그 영향력이 지금까지 유효하게 진행되고 있는 것은 그의 연구가 얼마나 대단했던가를 보여 주는 증거라고 볼 수 있다.

그에 의하면 자살은 한 사회에서 일정한 경향성을 가지고 있다고 할 수 있다. 즉 자살에 이르는 개개인의 사정은 각각 다 다를 수 있지만 그 것을 사회학적인 관점에서 관찰해 보면 사회적 요인이 나타나게 되고 그 것을 보면 어떠한 경향성을 가지게 된다는 것이다. 바로 이러한 경향성을 밝히면 자살에 관한 사회학적인 원인규명이 가능하고 더 나아가서 그 대책도 마련해 볼 수 있을 것이다.

뒤르케임은 자살을 사회통합이라는 기준을 가지고 이기적 자살, 이타적 자살, 아노미적 자살 등 세 가지로 나누어 보았다. 먼저 이기적 자살에 대해서 그는 이기주의와 연결하여 설명을 하고 있다. 이기주의를 그는 개인의 자아가 사회적 자아보다 강력하고, 사회적 자아를 희생시키면서까지 주장되는 상태를 이기주의라고 정리하면서 지나친 이기주의로 인한 자살을 '이기적 자살'이라고 정의하고 있다. 즉 사회적 자아 속에 자신을 편입시키고 그 안에서 유대감을 가져야하는데 이것이 끊어짐으로 인해서 그와 삶을 연결하는 이 유대가 이완된다는 것이다. 그것이 자살의 원인이 되는 것이고 자살에 기여하는 요인이 된다는 것이다. 이러한 그의 주장을 뒷받침하는 통계조사를 통해 그는 세 가지 명제를 제시하고 있다.

자살은 종교사회의 통합의 정도에 반비례한다.
자살은 가족사회의 통합의 정도에 반비례한다.
자살은 정치사회의 통합의 정도에 반비례한다.

지면 관계상 세 가지 명제를 다 살펴볼 수는 없지만 우리가 관심을 가질 수 있는 종교사회의 통합에 대해서 한 번 살펴보고자 한다. 그는 유럽의 종교지형을 이용하여 종교와 자살의 관계를 풀어보고자 하였다. 그의 조사에 의하면 개신교 국가와 가톨릭 국가의 자살률이 차이가 난다는 것이다.

인구 1백만 명에 대한 자살자 수	
프로테스탄트 국가	190명
혼합종교국(프로테스탄트와 가톨릭)	96명
가톨릭 국가	58명

개신교의 높은 자살률

위의 표에서 보는 바와 같이 개신교가 국교이거나 다수를 이루는 지역에서는 가톨릭 국가에 비해 자살률이 더 높은 것으로 나타나고 있다. 뒤르케임은 그 이유에 대해서 개신교가 자유정신에 바탕되어 있기 때문이라고 설명하고 있다. 가톨릭에 비해서 프로테스탄트는 개인의 신앙과 생각에 더 많은 자유를 허용하고 있다. 그것은 그들이 그만큼 공통된 신앙과 의식을 적게 가진 것을 의미한다. 그의 설명에 의하면 이러한 경향은 결국 종교가 인간의 삶을 덜 지배하게 되고 종교적인 결합과 존속의 힘을 잃게 됨을 의미한다. 따라서 사회적 통합을 중시하는 그의 입장에서 개신교가 가톨릭에 비해서 자살률이 높은 것은 결국 개신교가 가톨릭에 비해 강력하게 통합된 교회가 되지 못하기 때문이라는 것이다.

그렇다면 한국사회에서도 동일하게 개신교가 가톨릭에 비해서 자살률이 더 높을 것인가에 대해서 필자는 다른 견해를 가지고 있다. 본인은 바로 뒤르케임이 이야기하는 동일한 이유로 인해서 개신교인의 자살률이 더 낮을 것이라고 생각한다. 그 이유는 한국의 개신교는 오히려 가톨릭에 비해서 개인에 대한 구속력이 더 높다고 볼 수 있기 때문이다. 물론 근본적인 교리면에서 개신교가 개인의 자유를 허용하고 선히 여기는 면이 있는 것이 사실이지만 현상으로 들어가면 공동체석인 면들이 상소되어지고 각 개인들의 교회에 대한 충성도가 높아서 교리적 구속력도 높다고 볼 수 있기 때문이다. 오히려 한국의 가톨릭은 개인적인 삶에 대해서 상당히 관대한 태도를 가지고 있어서 통합적 구속력이 낮을 것으로 보인다.

어쨌거나 그는 위의 세 가지 요소들, 즉 종교, 가족, 정치의 통합정도에 따라서 자살경향이 다르게 나타난다는 사실을 밝혀내면서 이 세 가지 요소들이 각 개인들을 통합해 나갈 때 자살이 감소함을 밝혀내고 있다. 사람들은 사회 안에서 자신이 속해 있는 공동체에 소속되어짐으로 본능적으로 뚜렷한 성찰없이 자신들의 존재와 행동을 교회나 교회의 살아있는 상징인 신에게, 또는 자신의 가족에게, 혹은 국가나 정당에 귀속시키게 된다. 따라서 사람들은 이러한 공동체에서 떨어지고 이완되어 질 경우 자아 정체성과 존재 이유에 대해서 의문을 가지게 된다는 것이다. 그것은 결국 각 개인들에게 나타나는 자살의 직접적인 이유가 나타나게 될 때에 그것을 이기지 못하고 스스로의 생명을 끊게 만드는 결과를 만든다는 것이다. 뒤르케임은 이 부분에서 개인은 사회가 그를 쉽사리 자살의 희생자가 될 수 있도록 만들어 놓았기 때문에 사소한 상황의 충격에도 자살을 하게 되는 것일 뿐이라고 주장하고 있다.

둘째로, 이타적 자살이 있다. 이것은 종교적 신념에 의해서 택하게 되는 자살이나 군대와 같은 조직에서 명예형으로 선택하게 되는 자살을 의미한다. 오늘날도 일본과 같은 나라에서는 회사의 부정이 사회적 문제가 되었을 때에 그 의문을 스스로 짊어지고 조직을 위해 자살을 하는 경우를 볼 수 있는데 그러한 것이 바로 이타적 자살의 대표적 케이스라고 할 수 있을 것이다. 이러한 자살은 조직을 위해서나 자신의 신념이나 명예를 위해서 선택한 죽음이기에 선하게 보이는 측면도 있으나 이 역시 명백한 자살임을 그는 강조하고 있다.

아노미적 자살

셋째로, 우리가 주목해서 볼 수 있는 아노미적 자살이다. 아노미적 자살이라고 하는 것은 인간의 활동이 충분히 규제되지 못함으로써 받게 되는 고통에 의해 나타나는 자살이다. 그러면서 그는 두 가지 실례를 들어 그 사실을 증명하고 있는데 첫째는 경제적인 위기에 의한 것이다. 우리가 예상할 수 있는 바와 같이 경제적으로 위기가 닥쳤을 때 자살률은 올라가게 된다. 이것은 우리가 1997년 IMF 이후 겪게 된 상황과 비교해 본다면 쉽게 이해할 수 있다. 실제적으로 1998년 우리나라의 자살률은 순간적으로 높게 나타났고 그 후 완만하게나마 자살률이 낮아졌던 경험이 있다. 그러나 뒤르케임은 이러한 경제적 어려움 외에도 경제적 부가 축적되는 때에도 자살은 늘어난다는 주장한다. 실제적인 예로 그는 세계박람회가 성공적으로 개최되는 도시에서 자살자 수가 상당히 증가하고 있다는 사실을 지적하고 있다. 비록 세계박람회가 상업에 활기를 주고, 국내에 많은 외화를 끌어들이고, 일반의 번영을 가져옴에도 불구하고 그것이 오히려 자살의 증가를 불러왔다는 것이다. 즉 빈곤 자체도 자살을 부추기지만 그와 반대로 경제적 번영 역시 자살의 증가에 중요한 원인이 된다는 것이다. 뒤르케임에게 있어서 갑자기 나타나는 경제적 어려움이나 번영은 모두 한가지로 수렴되어지는데 그것은 바로 '위기'이다. 즉 통제되어지고 있는 일상의 상황에서 그러한 경제적 변화는 기존의 질서가 깨어지고 흔들리게 되는 위기인 것이다. 모든 균형의 상실은 그것이 비록 안락을 증가시키고 일반적인 활력을 증대시켜 준다 할지라도 자살에 대한 자극이 될 수 있다는 것이다. 다시 말해서 기존의 사회질서가 깨어진 자리에서 사람들이 재적응을 해야 할 때 그 갑작스러운 상황은 그것이 비록 성장이든 재난이든 간에 사람들을 자살의 위험으로 내몰게 된다는 것이다.

월드컵과 자살의 증가

그의 이러한 지적은 오늘날 한국사회에서도 그 면면을 보게 된다.

IMF 이후기라고 할 수 있는 1998년에 자살이 갑작스럽게 늘어난 것(조사망률 기준 1997년 14.1명에서 1998년 19.9명)은 갑자기 찾아온 경제적 위기로 인한 것이었다. 그러나 그 이후 완만한 감소추세로 들어서고 2000년에는 IMF 이전 수준으로까지 떨어졌었다. 그러나 2002년 우리나라에서 월드컵이 개최된 그 해에 자살은 급격하게 증가하였고 그 이후에도 계속적으로 증가추세를 보이고 있다. 2002년은 우리나라가 축구라는 전국가적 축제로 인하여 상당히 고무되어 있었던 상황이었고 월드컵 응원을 통하여 공동체 의식도 고양되어 있었던 때였다. 거기다 정치적으로 대선이라는 이벤트가 있었던 것을 생각해 보면 정치적 통합도 이루어질 수 있는 기회가 있었다고 볼 수 있다. 그러나 그때 우리나라에서 자살률은 급격한 증가세로 들어섰고 그 이후에 지속적으로 증가하게 된 것은 이러한 뒤르케임의 아노미적 자살이라는 설명이 잘 들어맞는 대목이라고 본다. 특히 정권교체 이후 급격하게 나타나게 된 사회적 변화 역시 사회적 위기로서 인식되어지고 아노미적 상황을 가져온 것으로 본다면 2002년 이후 나타나게 된 계속적인 증가도 이해해 볼 수 있는 대목이라고 생각한다. 요즘 한국사회는 혁명이라는 단어가 일상화되어질 정도로 변화를 강요하고 있다. 변화가 규범화되어지고 혁명이 선이 되어진 사회가 되었다. 그러나 그러한 변화가 가져오는 삶의 단절은 현재를 사는 많은 사람들에게 위기를 불러오고 그것은 결국 삶의 포기라는 극단적 결과로 나아갈 수도 있다는 것이다.

자살: 사회에 대한 기대와 자제의 학교 종교

뒤르케임의 연구는 여기서 한 발 더 나아간다. 아노미의 핵심은 인간의 욕망에 있다는 것이다. 그 자신에게 주어진 능력을 넘어서는 욕망을 인간이 가지게 된다면, 그리고 그러한 욕망을 위한 행동들이 저해되어 진다면 인간에게 남는 것은 불안뿐이며 평안을 누릴 수 없게 될 것이라는 것이다. 따라서 이 욕망은 적절히 규제되어지고 자신의 능력과 조화를 이루도록 해야 한다. 그러면 이러한 욕망이 규제되어질 수 있는 방법에 대한 질문이 남는다. 뒤르케임은 정의(正義)의 법의 설정이라고 대답한다. 이 정의의 법의 설정은 그것에 정당성을 부여하는 권위에 근거하며 그 권위에 사람들은 복종하게 되는 것으로 그는 본다. 그러면서 이러한 조정의 역할은 사회 전체로서의 직접 또는 사회의 어느 기구를 통해서 사회만이 할 수 있다고 그는 단정한다. 그 이유로서 사회만이 개인보다 우월한 정신적인 힘이며, 개인이 존중하는 권위를 가지기 때문이라는 것이다. 이와 같이 그는 공동체로서의 사회에 대해 무한한 신뢰를 보내고 있다. 개인의 욕망을 절제시키고 그 한계를 규정할 수 있는 것은 사회라고 하는 공동체에 의해서만 가능하다는 것이다. 그의 이러한 사회에 대한 신뢰는 종교적 의미로서 해석되어지고 있다. 그는 종교가 사실상 자제를 가르치는 최선의 학교라고 선언하고 있다. 종교만이 우리로하여금 끊임없이 자기훈련을 하게하고, 침착하게 집합적인 규율을 받아들이게 한다는 것이다.

이러한 뒤르케임의 아노미 이론을 받아들여 발전시킨 학자 중에는 머튼이라는 미국의 사회학자가 있다. 그는 아메리칸 드림을 예로 들고 있다. 현실과 동떨어지고 이루어지기 힘든 그러한 욕망은 그것을 이룰 수 있는 제도적 수단과의 커다란 격차를 가지게 되기 때문에 그 불균형이 일어나는 것을 아노미라고 하는 것이다. 특히 미국의 경우 그러한 아메리칸 드림은 금전적 성공으로 이해되는데 그러한 한계로 되어지지 않은 욕망은 결국 기만과 부패, 사악함과 범죄 등으로 나타나게 된다는 것이다. 머튼에게 있어서 자살 역시 이러한 범주 안에서 이해가 되어지고 있다.

이러한 발전된 아노미의 관점에서 볼 때도 한국사회에서 최근에 드러나고 있는 한탕주의나 요행주의와 같은 생각들이 그러한 역할을 할 것으로 보인다. 특히 일반적 봉급자들이 평생을 모아도 이룰 수 없는 내 집에 대한 희망들은 그것을 이룰 수 없는 자들에게 절망감을 주기도 하고 다른 사람들에게는 삶에 만족하지 못하고 요행이나 일탈적 행위들에 기대를 가지게 만들고 있다고 본다. 바로 그러한 욕망과 현실의 한계가 가지게 되는 차이가 바로 아노미라고 볼 수 있는 것이다.

교회: 욕망의 재생산과 믿음

그런데 문제는 이러한 헛된 욕망이 우리 교회에서도 믿음이라는 이름으로 끊임없이 재생산되고 있다는 것이다. 교회에 다니는 사람이면 가끔 들어보았을 간증이 있다. 무일푼이었는데 어떤 건물을 보고 마음에 감동이 생겨 매일 기도했더니 어느 날 내 소유가 되었더라는 것이다. 또는 어떤 땅을 샀는데 갑자기 조건이 바뀌어 땅값이 몇 배로 올랐다는 것이다. 그도 아니면 교회가 직접 땅 투기에 나서서 교회 건축을 손쉽게 했다는 이야기도 듣게 된다. 아마 이러한 간증들은 한국에서도 우리 개신교만이 가지고 있는 특별한 현상이 아닐까 싶다. 이럴 경우 한국교회는 뒤르케임이 이야기하고 있는 자제를 가르치는 최선의 학교가 아니라 오히려 이 사회에 아노미를 부추기고 자살이 일어나고 있는 현 상황에서 또 다른 이유의 제공자로 볼 수 있다. 즉 한국교회가 한국사회의 가장 큰 문제점 중에 하나인 경제중심주의의 재생산 기지가 되고 있는 이 상황을 반전시키는 것이 현재 한국교회가 이 사회의 자살의 경향을 끊는 중요한 역할이 될 것이다.

이혼과 자살의 상관 관계

아노미적 자살에 대해서 뒤르케임은 또 다른 예를 들고 있다. 그것은 이혼이 많이 일어나는 곳에서 자살도 많이 일어난다는 것이다. 프로테스탄트를 믿는 현들에서는 다른 현들에 비해 이혼도 많고 자살도 많다. 그리고 가톨릭 현들과 프로테스탄트가 혼합된 현에서는 이혼도 자살도 적게 나타나고 있다. 그러면서 그는 이혼과 자살의 일치는 자살에 대한 이혼의 영향으로 인한 것이 아니라 양자가 동일한 원인에서 나와 다르게 표현되는 두 가지 현상이라는 것이다. 즉 아노미로 인해서 나타나는 현상의 양 단면이라고 설명할 수 있는 것이다.

이것 역시 신기하게도 한국사회에서 똑같이 나타나고 있다. 이미 알려진 바와 같이 우리나라의 이혼률 역시 세계적인 수준에 이르고 있다. 최근 이혼숙려기간 시범 도입 등으로 약간 감소세에 있지만 자살률의 증가와 비슷한 경향을 보이고 있다. 특히 2002년과 2003년에 이혼건수가 최고조에 달했던 사실을 보면 확실히 동일한 사회적 요인이 있을 것이라고 추측해 볼 수 있다. 더군다나 30~40대의 이혼이 73.4%를 차지하고 55세 이상의 노년층의 이혼이 증가하는 것 역시 자살의 경향과 비슷한 모습을 보이고 있다.

이렇게 볼 때 필자는 자살과 이혼이 동일한 사회적 원인을 가질 수 있다고 보고 있고 뒤르케임의 이론처럼 아노미에 의한 것으로 해석할 수 있다고 생각한다. 특히 현재 한국사회에서 나타나고 있는 이러한 자살과 이혼의 증가는 급격한 사회적 변화와 그에 의한 의식의 변화로 인해서 전통이 무너지고 준거가 깨어진데 따른 결과라고 본다. 즉 이전에 우리가 가졌던 자살은 하면 안된다는 기준이나 이혼은 고려대상이 아니라는 기준들이 무너진 상황에서 사람들은 자신의 생명에 대해서 선택권을 가지려고 하고 결혼을 선택하듯 이혼을 선택하려 하는 것이 아닌가 하는 생각이 든다. 아노미라는 것이 어원적으로 볼 때에 법으로부터 떠난 것이라는 뜻에서 볼 때 오늘날 삶과 행위의 기준을 잃은 한국인들의 상황을 적절히 표현해 내는 단어인 것은 분명하다고 본다.

자살에 대한 새로운 직면

뒤르케임이라는 고전사회학자의 저서인 자살론이라는 책을 기준으로 자살에 대한 사회학적 접근이 어떻게 가능한가를 살펴보았다. 그의 이론이 비록 19세기 말이라는 오래된 상황을 전제로 하고 있지만 필자가 시도해 본 바와 같이 오늘날 이 21세기의 한국사회의 자살을 설명하는 데에도 유용한 틀이 되고 있다. 이것은 자살이라고 하는 것이 개인적인 측면에 따른 심리학적이거나 상담학적인 접근도 가능하지만 사회적 통합이라는 큰 틀 안에서의 사회학적인 접근도 가능하다는 것을 보여주는 것이라고 생각한다.

이러한 사회학적 접근은 우리들에게 몇 가지 다른 관점을 허락하게 되는데 첫째는, 자살을 개인의 문제가 아니라 사회적 문제로 볼 수 있게 해 준다는 점이다. 이것은 좀 더 폭넓은 시야를 허락해 준다는 것을 의미하기도 하지만 더 강조되어야 할 점은 자살에 연관된 개인들의 암울한 상황으로부터 그들을 해방하고 공동체적인 관점에서 그 문제를 꺼내올 수 있다는 것이다.

둘째로, 이러한 관점의 확대는 그간 자살에 대해서 윤리적인 판단만 있었다면 이제 그 문제에 대해서 사회적 영향력 아래에 있는 개인의 문제로 보고 사회적 논의를 펼쳐볼 수 있다는 것이다.

셋째는, 이러한 논의를 통해서 자살을 개인적 문제로 보고 치유적 차

원의 접근에서 벗어나 이제 사회적 문제에 대한 예방의 차원으로 끌어
올릴 수 있다는 것이다.

　이러한 시각의 전환을 통해 우리는 자살에 대해 새롭게 직면하게 될
것이다.

자살자들의 유언

나의 모든 친구들이 길고 긴 밤 뒤에 찾아오는 붉은 해를 볼 수 있기를... 그러나 무엇보다 참을성 없는 나는 그들보다 먼저 떠나노라.
슈테판 츠바이크 (작가, 1881~1942)

부탁이야, 울지 마. 이것이 우리에겐 최선의 방법이지. 슬픔은 영원히 남겠지. 이제 나는 집으로 간다.
빈센트 반 고흐 (화가, 1853~1890)

나는 전지약이 다 떨어지고 코드를 꽂으려 해도 전원이 없는 라디오의 진공관처럼 외로움과 공허함 속에 살고 있다. 나는 필라멘트가 끊어진 텅 빈 전구처럼 공허하다.
어니스트 헤밍웨이 (소설가, 1899~1961)

나는 지난 30년간 오직 글로서 남성중심의 이 사회와 부단히 싸워왔다. … 지금 온 세계가 전쟁을 하고 있다. 작가로서의 나의 역할은 여기서 중단되어야 할 것이다. 추행과 폭력이 없는 세상, 성차별이 없는 세상에 대한 꿈을 간직한 채 나는 지금 저 강물을 바라보고 있다.
버지니아 울프 (소설가, 1882~1941)

2부

자살에 대한
교회의 이해와 현실

1. 자살에 대한 교회의 태도

고대에 있어서 자살은 상당히 관대하게 받아들여졌다. 물론 우리들에게 서민들의 자살에 대해서 전해지는 것이 아니라 알려진 인물들의 자살이 전해지는 것이라 그럴 수도 있을 것이다. 그러나 자살에 대해 전해지는 입장은 명예나 용기에 관한 가치가 덧입혀져 있는 것을 볼 수 있다. 이러한 자살에 대한 태도는 그러나 기독교가 사회의 다수가 되면서 변하기 시작한다.

이러한 입장을 잘 보여주는 것은 아우구스티누스이다. 5세기 초에 쓴 『신국론(De Civitate Dei)』에서 그는 자살에 대해서 단호한 입장을 보여 주고 있다.

어느 누구든 범죄자조차 개인적으로 죽일 권리를 가지고 있지 않다면(어떠한 법도 이를 허용하고 있지 않다), 자기를 죽이는 사람은 누구나 명백한 살인자다. 자신을 죽음으로 내모는 비난에 대하여 스스로 결백할수록 자살을 통하여 죄를 더한다는 사실이 분명하기 때문이다.

··· 유다는 하나님의 자비를 멸시하고 자기 파괴적인 죄책감에 사로잡혀서 구원을 얻게 하는 기회를 남겨 놓지 않았기 때문이다. ··· 그는 비록 죄 때문에 자살했다고 할지라도 자신을 죽임으로써 또 다른 범죄행위를 저질렀다.

자살을 금하는 이유는, 자살은 자신에 대한 살인이기 때문이다. 따라서 자살자는 '네 이웃을 살인하지 말라'는 계명에 분명히 저촉된다. '살인하지 말지니'라는 계명은 인간, 즉 다른 사람 그리고 자신에게 적용된다. 자신을 죽이는 것도 인간을 죽이는 행위이기 때문이다. (1권 17장)

우리가 말하고 우리가 확인하는 것, 그리고 온갖 방법을 다하여 우리가 증명하는 것은 결코 일시적인 고통으로부터 해방되기 위해서 생명을 포기할 권리가 인간에게는 없다는 것이다. 왜냐하면 그것은 끝이 없는 세계에 빠지는 것과 같기 때문이다. (1권 26장)

자살에 대해서 교회가 가지는 입장을 명백히 보여 주는 신국론의 논리를 정확히 보면 인간의 생명은 하나님께 속해 있다는 것이다. 즉 하나님만이 '모든 생물의 생명과 모든 사람의 육신의 목숨'을 그의 손에 가지고 계신다는 것이다(욥 12:10). 즉 자살이라는 것이 자신을 죽이는 것이라고 하여도 자신의 생명이 하나님의 것이기 때문에 그 권리조차도 하나님께 속해 있다는 것이다. 따라서 그 행위는 결국 자신에 대한 살인 행위가 되는 것이다. 이러한 이유로 자살에는 살인의 죄가 더해지는 것으로 이해를 한 것이다. 여기에 더해서 그는 설명하기를 자살이 일시적인 고통으로부터의 해방일 수는 없다는 것이다. 현세의 어려움이 있을지라도 그것을 벗어나기 위해서 자살을 한다면 이후에 있을 영원의 세계에서 더한 고통으로 나타날 것이기 때문이다.

이러한 아우구스티누스의 견해에 따라서 563년 브라가 공의회와 580년 오세르 성직자 회의에서는 모든 자살자를 처벌한다는 결정이 내려졌다. 또 우리에게 잘 알려진 중세 스콜라 철학의 대가 토마스 아퀴나스는 그의 대표작인 『신학대전(Summa Theologiae)』에서 자살에 반대하는 세 가지 이유를 명백히 보여주고 있다. 첫째, 그는 만물은 자신을 사랑하는 것이 당연하다고 주장한다. 자살은 이러한 자연적 순리를 거스르는 일이 되는 것이다. 둘째는, 공동체에 속한 일원으로서 자살은 자신에게 뿐만 아니라 공동체에도 손해를 끼치게 된다는 것이다. 셋째는, 생명은 하나님께서 사람에게 부여해 주신 선물이기에 인간의 마음대로 해할수 없다는 것이다. 생(生)과 사(死)의 주인이 하나님이심을 분명히 한 것이다. 아퀴나스의 견해는 공동체를 강조하는 것에 있어서 그 특별함이 있다.

　이러한 생각들은 중세를 이어왔다. 1917년 구 교회법전까지도 이러한 논리에 따라서 "데리베라토 콘실리오(Deliberato consilio)", 즉 자기 맘대로 생명을 해치는 권한을 행사한 자로부터 교회에서 행해 주는 장례의 혜택을 박탈하였다. 이로써 자살한 자들은 죽어서도 보통 사람들처럼 교회 묘소에 묻힐 수가 없었다. 이들은 살아 있는 자들의 공동체뿐만 아니라 죽은 자들의 공동체로부터도 떨어져 묻혀야 했다. 더군다나 자살은 이러한 종교적 이유에서 뿐만 아니라 현실적으로 유일하게 법과 권한을 행사하고 그 법의 권위를 지키고 공소를 유지해야 할 군주의 권위를 침해하는 행위로 간주되었다. 따라서 이것은 인간에 대한 불경죄, 즉 형법상의 범죄로도 간주되었다. 그래서 그들이 죽은 이후에도 '시체에 대한 재판', '공개적인 시체 처벌', '부관(部棺, 무덤에 묻힌 시체를 꺼내어 형을 가하는 것)', '자살한 자의 재산의 몰수' 같은 형벌이 가해졌다.

　시체에 대한 재판이나 형벌은 마을 공터 혹은 광장에서 공개적으로 이루어졌다. 어떤 지역에서는 시체를 나무에 매달거나 물에 빠뜨리기도 했고, 파리와 보르도에서는 시체가 보이도록 그물망 같은 것에 사체의 얼굴이 땅에 닿도록 거꾸로 하여 울퉁불퉁한 자갈길이나 진흙탕 길을 끌고 갔으며, 릴르에서는 시체를 쇠스랑에 찔러서 골목을 질질 끌고 다녔다고 한다. 또 어떤 지역에서는 여자들의 시체를 불에 태우기도 했으며 독일의 어느 지방에서는 시체를 소가죽에 싸서 나무에 매달아 썩게 내버려 두었다고 한다(이진홍: 자살).

이와 같이 교회는 전통적으로 자살에 대해서 심각한 수준의 형벌로 대응해 왔다. 이것은 범죄로서의 자살에 대한 징계와 함께 현재의 자살이 영원의 죽음으로까지 이어진다는 것을 보여줌으로써 자살 앞에 사람들로 하여금 심각하게 대면하도록 만들었다.

그러나 자살에 대한 이러한 태도들이 교리적으로 확정된 형태는 아니다. 물론 가톨릭에서는 이와 유사한 형태의 가르침이 "가톨릭교회 교리서"에 담겨져 있다. 그러나 거기에도 자살을 구원의 문제와 연결짓지는 않았다. 단지 왜 자살을 하면 안 되는 지에 대해서 중세의 아우구스티누스나 아퀴나스의 논리에 의거하여 서술하고 있는 것이다.

그러면 개신교적 입장에서는 어떠한가. 개신교는 알다시피 정해진 교리나 윤리적 교훈이라는 것이 있지 않다. 더군다나 자살에 대해서는 정해진 것이 없다고 해도 과언이 아니다. 그러다 보니 아직 자살한 자는 구원 받지도 못하고 지옥에 간다는 중세적인 속설이 목사들에게나 성도들에게 전해지고 있다. 즉 정확히 말하면 속설에 의지하여 있을 뿐이지 정확한 가르침이 있지 않다는 것이다.

이렇게 된 원인은 신학이 답변을 주고 있지 못하기 때문이다. 자살에 대해서 연구하고 글을 발표하는 신학자들이 극히 드물다. 이런 상황에서 총신대학교 윤리학 교수인 이상원은 '자살과 기독교'라는 강연(사랑의교회 2007.5.22)을 위한 논문을 발표하여 중요한 기준점을 제시해 주고 있다. 이 논문에서는 자살예방을 위해서 가르쳐져야 할 성경의 교리적이고 윤리적인 가르침들을 나열하고 나서 자살한 신자의 구원의 문제에 대해서 언급하고 있다. 특히 예방적 차원에서 자살을 악한 행동으로 전제하고 자살을 막아야 한다는 것을 서술해 놓고 교회에서는 상당히 민감할 수 있는 자살한 자의 구원에 대한 이야기를 하는 것이다. 이 부분은 이 책에서 인용하기에는 좀 부담스러운 분량이지만 사항의 민감성과 옮기는 데 있어서 오해의 소지가 있을 수도 있다는 우려 때문에 전문을 옮겨 본다.

[A] 자살한 기독교인들은 구원받지 못한다는 견해는 자살을 성령훼방죄로 해석하는 데서 비롯된 생각이다. 자살이 성령을 훼방한 죄라는 견해는 중세시대에 형성된 견해이며, 루터, 푸치우스를 비롯한 종교개혁자들과 개혁주의 전통에 서 있는 신학자들과 윤리학자들에 의하여 비성경적인 교리로 거부되었다. 성령훼방죄(마 12:31; 막 3:28,29)는 히브리서 10장2 9절이 말하고 있는 것처럼 예수 그리스도가 하나님의 아들이요 하나님이며, 인간의 죄를 대속하시기 위하여 십자가 위에서 죽으셨다는 진리를 받아들이지 않는 행동에 제한시켜 적용되어야 한다. 예수 그리스도를 받아들이지 않는 죄를 죽는 순간까지 고집하다가 죽으면 그 후에는 영원히 용서받지 못한다는 것이 성령훼방죄의 핵심이다. 자살을 성령을 훼방하는 죄에 관련시키는 것은 성경적인 근거가 없다.

[B] 다른 죄를 범한 사람들은 죽기 전에 자기가 범한 죄를 회개할 시간이 있지만 자살한 사람은 자살이라는 죄에 대하여 회개할 시간을 갖지 못하고 죽기 때문에 구원받지 못한다는 견해가 있다. 그러나 마지막 구원은 인간이 지은 죄를 남김없이 회개한 공로를 근거로 하여 결정되는 것이 아니라 예수 그리스도를 믿는 믿음을 가졌느냐에 따라서 결정될 뿐이다. 만일 특정한 죄를 회개했는가에 근거하여 구원이 결정된다면 심각한 문제가 발생한다. 그렇다면 항공기를 타고 가다가 갑자기 미사일을 맞

아서 회개할 시간을 갖지도 못한 신자는 구원받지 못하는가? 치매에 걸려서 자기가 한 행동을 다 말로 표현할 수 없는 신자는 구원받지 못하는가? 많은 신자들은 과거에 지은 죄를 회개하고 싶어도 생각이 나지 않아서 회개하지 못하기도 하고, 과거에 범한 죄가 죄인 줄을 모르기 때문에 회개하지 못하기도 하고, 심지어 많은 신자들이 회개할 시간을 충분히 주어도 회개하지 않고 세상을 떠나는 일이 비일비재한데, 그렇다면 이 신자들은 예수를 믿었어도 다 지옥에 가야 하는가? 그럴 수 없다. 신자의 삶이 값없이 오직 은혜로 중생함으로써 시작되었다면, 마지막 날에 구원받는 것도 값없이 오직 은혜로 영화됨으로써 구원받을 뿐이다.

[C] 구원받은 신자들이라 할지라도 자살에의 충동을 전혀 느끼지 않는다는 것은 신자의 중생의 상태를 너무 이상적으로 보았기 때문에 할 수 있는 말이다. 이미 우리는 엘리야, 욥, 요나 등과 같은 하나님의 선지자들로부터 죽고 싶어 하는 충동에 사로잡혔던 이야기를 알고 있다. 신자들도 자살에의 충동을 느낄 수 있으나, 믿음 안에서 넉넉히 극복할 뿐이다. 자살은 분명히 기독교인이 피해야 할 죄라는 사실에는 의문의 여지가 없다. 그러나 믿음이 약하여 자살에의 충동을 이기지 못하고 죽은 신자를 평가할 때 자살을 결행한 그 한 순간의 행동만을 가지고 그 사람을 평가해서는 안 된다. 다윗은 우리아를 죽음에 내모는 살인죄를 범한 죄인이지만, 하나님은 그 하나의 행동을 가지고 다윗을 규정하지 않으셨다. 하나님은 다윗의 중심과 다윗의 삶 전체를 보시고 "내 마음에 합한 사람"이라고 평가하셨다. 하나님은 아브라함을 평가하실 때도 아브라함이 하나님의 약속을 불신하고 하갈을 취한 한 사건에만 근거하여 아브라함을 평가하지 않으셨다. 수십 년을 성실하게 신앙생활을 해온 신자를 순간의 충동을 이기지 못하여 자살한 그 순간만 가지고 단죄해서는 안 된다.

[D] 청소년에게 자살하면 지옥에 간다는 말이 교육적 효과가 있는 것은 사실이다. 그러나 우리는 복음의 진리를 왜곡시키고 진실이 아닌 가르침에 근거하여 교육적 효과를 거두려고 해서는 안 된다. 목적이 선하면 방법도 선해야 한다. 다른 방법으로도 얼마든지 청소년들을 설득하여 자살의 충동에 사로잡히지 않도록 할 수 있을 것이다. 예컨대 성적이나 가정불화나 실연 등으로 고민하는 청소년들에게 더 깊은 배려와 사랑과 관심을 베풀어 주면서 자살이 기독교인들에게는 너무나 어울리지 않는 죄라는 사실을 강조하는 선한 방식으로도 얼마든지 자살 예방효과를 거둘수 있다. 선행을 하지 않으면 지옥에 간다는 가르침은 중세 말기 로마 가톨릭의 복음 왜곡과 교회 부패의 진원지가 되었다. 그 가르침으로 평신도들을 두려움에 사로잡히게 해서 악을 행하는 것을 어느 정도 통제할수 있을지는 몰라도 이 때문에 사람의 영혼을 결정짓는 복음이 심각하게 왜곡되었고, 공로주의에 사로잡힌 교회는 이를 이용하여 돈을 주고 구원을 사고파는 면죄부 파동까지 일어났다. 교육적 효과는 복음과 진리를 희생시키지 않는 방법으로 도모되어야 한다.

[E] 그러나 교회는 자살한 성도가 자살 때문에 지옥에 가는 것이 아니라는 가르침을 성도들에게 전달하는 방법에 있어서 지혜로울 필요가 있다. 루터는 자살자도 구원을 잃지 않는다는 말을 평민들에게 가르쳐서는 안된다고 보았는데, 그 이유는 사탄이 이 가르침을 이용하여 더욱 더 많은 살인을 자행할 우려가 있었기 때문이다. 공예배 석상에서는 자살은 기독교인이 피해야 할 죄라는 것과 구원은 오직 예수 그리스도를 믿는 믿음에 있는가에만 근거하여 결정된다는 점을 동시에 강조하는 선까지만 나아가는 것이 바람직하다. 다만 자살한 가족을 가진 성도들이 자살한 가족이 죽은 후에 간 길에 대하여 불안에 사로잡혀 있을 때 개인적인 상담을 통하여 신앙고백을 한 신자라면 사망을 포함한 그 무엇도 그리스도

의 사랑에서 끊을 수 없다는 말씀으로 위로해 주면 될 것이다.

요즘은 성도들 중에서도 자살하는 자들이 많이 나타나고 있다. 이에 심각한 문제에 직면하게 되는 것은 자살한 자들에 대한 장례를 교회에서 치러주어야 할 것인가에 대한 것이다. 이에 대해서는 자살 자체를 심각한 정신병의 결과로 보고 장례를 허락하는 것이 당연한 것으로 여겨지고 있다. 즉 이것을 죄의 관점이 아니라 병이라고 하는 사망의 원인으로 보는 관점이 생겨난 것이다. 그러면 자살한 자에 대한 장례예식은 어떠한 식으로 이루어져야 할 것인지, 거기서 이루어져야 할 설교는 어떻게 행해져야 할 것인지에 대해서도 모범이 정해져야 할 것인데 아직 거기까지는 교회의 준비가 이루어져 있지 않다. 아쉬운 것은 이러한 경향마저도 그냥 개 교회에, 그리고 각 개인의 목회자들에 떠 넘겨져 있다는 것이다. 즉 개인의 판단에 따라서 자살에 대한 태도나 죽은 자들에 대한 장례의 예식이 이루어지고 있다는 것이다. 좀 더 진지하게 교회는 자살에 대해 심각하게 논의해 보아야 할 것이다.

2. 성경의 자살

성경에는 인생의 모든 모습이 담겨져 있다. 특히 구약을 보면 수천 년 전에 살았던 그들의 모습에서 우리의 모습을 그대로 발견하게 될 때가 많다. 성경에 나타난 자살에 대해서 이야기하면서 현대와 비교될 수 있는 그들의 자살의 유형을 살펴보았다. 그것은 분노형의 요나, 명예형의 사울, 이타형의 삼손, 생활고형 사르밧 과부, 절망형 엘리야, 신의 버림 유다 등이다. 이러한 모습을 통해서 우리는 자살에 대해서 좀 더 구체적으로 이해를 할 수 있을 것이다. 그리고 성경이 이 사건들을 보여주는 관점을 통해서 성경은 자살에 대해서 어떠한 판단을 내리고 있는지를 확인할 수 있을 것이다. 다듬어진 신학이 아니라 성경의 본문이 주는 힘이 분명 있다고 본다.

이 부분은 사건 중신의 내러티브 형식으로 이루어져 있다. 이를 통해서 목회자들이 설교 자료를 얻고 설교할 수 있는 근거를 마련해 주고자 했다. 그리고 이 글을 읽는 사람들에게 메시지를 전해 주고 싶은 욕심이 있었음을 고백한다.

분노형 자살 – 요나

요나의 이야기는 성경에서 가장 극적인 것 중에 하나이다. 다시스로

도망가려던 그를 붙잡아 하나님은 니느웨 성으로 보내었다. 니느웨 성이 망하는 것을 원했던 그이지만 하나님의 강권하심을 따라 복음을 전했고 그 성은 그 복음을 극적으로 받아들이고 회개하였다. 결과는 그 성이 심판을 벗어나서 구원에 이르게 된 것이다.

요나의 이야기는 여기서부터 의미 있게 다가온다. 요나는 하나님의 이러한 역사에 대해서 분노하기 시작한다. 자기가 아는 은혜로우시며 자비로우신 하나님이 결국은 이들을 용서하시리라는 것을 짐작했는데 끝내는 자신이 예상했던 대로 하나님은 자신을 이용해서 적들에게 구원을 허락하신 것이다. 결과는 죽기를 청한 것이다. 차라리 '이제 내 생명을 거두어 가소서. 사는 것보다 죽는 것이 내게 나음이니이다.' 하나님에 대한 분노로 그는 죽기를 원했던 것이다. 요나의 마음에는 두 가지의 이유가 있었을 것이다. 적국인 니느웨가 자신의 하나님인 여호와에 의해서 멸망을 받는 것이 아니라 구원을 얻었다는 사실과 그들을 구원하는데 하필이면 자신이 그 도구로 쓰여졌다는 것이다. 멀리서 니느웨가 구원되는 장면을 지켜본다고 해도 하나님께 실망하게 될 것인데 하필이면 그 자신이 온 백성의 원망을 들을 일을 하게 된 사실이 그를 더욱 힘들게 하였을 것이다. 여기서 요나의 분노는 폭발하고 죽기를 원했던 것이다.

이 장면에서 "밀양"이라는 영화의 그 여자 주인공이 떠오른다. 자신의 아들을 죽인 살인마를 먼저 용서해 버린 하나님에 대한 실망과 분노로 몸을 떨며 "왜?"를 외치던 그녀는 하나님에 대한 복수로 스스로의 목숨을 끊으려하지 않던가. 바로 그러한 분노형의 자살이 요나에게서도 보여지고 있다. 차라리 내가 죽게 내버려 달라고 하는 그의 분의 찬 기도가 보여지고 있는 것이다.

이야기는 여기서 끝나지 않는다. 요나는 그러한 상황 속에서 니느웨 성이 잘 보이는 동쪽에 자리를 잡고 그 중동의 햇빛을 맞으면서 그 성읍에서 어떤 일이 일어나는가를 살펴보고 있었다. 살펴본다기보다는 오히려 정말 잘 되는지 오기와 분노로 지켜보고 있었던 것이다. 그 기간이 꽤 길었던 것 같다. 그가 햇빛을 가리기 위해 지은 초막 위로 하나님이 예비하신 박넝쿨이 자라기까지였으니 말이다. 그렇게 죽기를 각오하고 중동의 햇빛을 몸으로 맞으며 버티던 그도 머리의 햇빛을 가려주는 그 박넝쿨로 인해서 크게 기뻐했다고 한다. 그런데 그 다음날 새벽에 벌레들이 나타나 그 박넝쿨을 다 갉아먹고 시들게 했으니 하나님께 우롱당한 요나는 다시 죽기를 간청한다. "요나가 혼미하여 스스로 죽기를 구하여 이르되 사는 것보다 죽는 것이 내게 나으니이다(욘 4:8)." 인간이라는 것이 이렇게 간사한 것이 아닌가. 공적인 분노로 인해서 죽기를 각오하고 하나님께 그의 원망을 털어 놓고 죽기까지 그 니느웨의 꼴을 보겠다고 덤비던 사람이 머리의 뙤약볕을 가려준 박넝쿨로 인해서 크게 기뻐하고, 또 이제 그것이 사라졌다고 다시 죽겠다고 덤비니 말이다.

우리의 인생도 제 삼자의 눈으로 보면 이렇게 웃기지 않는 드라마를 살고 있을지 모른다. 요나는 두 번이나 죽음을 각오한 일이었지만 그것을 몇 줄로 요약해 보면 이렇게 별것 아닌 것이 되고 만다. 연구 과정에서 만나본 몇 사람들은 자살과 얽힌 자신의 과거를 이야기하면서 그것이 별 것 아니었다는 사실에 스스로 놀라는 것을 보았다. 그리고 인터뷰를 하는 우리가 그것을 우습게 볼까 봐 몇 번이고 그 당시에는 아주 심각했었노라고 재차 강조하였다. 몇 달 동안을 죽음을 생각하고, 죽음의 방법들을 생각하고 그 이후를 고민했던 그 시간은 본인에게 심각했었지만 지나고 보면 그저 그것이 어떻게 지나갔는지조차 의식하지 못하는 그런 일이 되고 마는 것이다.

자살 문제를 가지고 이야기를 나누었던 두 분의 목사님이 계셨다. 두 분 다 신앙으로 인해서 직접 죽을 수는 없었지만 꽤 오랜 기간을 죽고 싶다는 생각을 가지고 살았다고 한다. 그래서 잠이 들 때마다 이대로 하나님이 데려가 주셨으면 좋겠다고 생각했다는 것이다. 이대로 잠이 들어서 아침에 눈을 뜨지 않고 천국으로 가면 좋겠다는 것이다. 그중 한 분은 장로로 사업을 하던 때인데 그 사업이 망하면서 인생이 막다른 골목에 다다르게 되었다. 수원역에서 전철을 기다리는데 날씨가 너무 추웠다고 한다. 수원역이 바람을 가려 주는 곳이 없는 노천역이었다. 인생은 어렵고 날은 춥고 신세가 짜증났던 모양이다. 그래서 거의 무의식적으로 전철이 다가오는 플랫폼으로 슬금슬금 다가가고 있었다는 것이다. 그 때 그 옆을 지나가는 사람이 들고 있던 담뱃불에 손이 닿았는데 너무 뜨겁다는 생각에 정신을 차렸다고 한다. 그때 자기 손에 그 담뱃불이 닿지 않았다면 자신은 끝내 자살했을 것 같다는 이야기다. 요나와 그리 멀지 않은 곳에서 많은 사람들이 죽음을 넘나들고 있다. 정말 한 걸음의 차이에서 그가 정신을 차릴 수 있는 것은 박넝쿨이나 담뱃불 같은 작은 동기 하나일 것이다. 아마 우리의 한 손이 그들에게 작은 동기 하나가 될 수도 있을 것이다.

이후에 요나에게 하나님의 가르침이 시작된다. 박넝쿨 하나로 인해서 네가 그렇게 성내는 것이 옳으냐는 것이다. 그에 대한 요나의 대답은 "죽기까지 할지라도 옳으니이다"이다. 박넝쿨 하나에 걸린 생명을 보는가. 우리는 정말 때때로 이렇게 별 것도 아닌 것에 목숨을 걸고 있다. 왜 사는지, 무엇을 위해 사는지를 그 궁극적인 목적을 모르고 사는 인생은 이렇게 작은 것에 목숨을 걸게 되어 있다. 위대한 선지자 요나도 이렇게 분노에 이르러서는 모든 것을 잊고 이렇게 박넝쿨에 자신의 생명을 걸지 않는가. 여기에 하나님의 가르침이 오묘하다. 박넝쿨 하나에도 네가 그렇게 목숨을 걸고 아끼었는데 내가 창조한 인생 12만여 명과 수많은 가축을 내가 아끼는 것이 당연하지 않느냐는 것이다. 요나는 하나님의 백성 이스라엘과 그 적대국 니느웨로 나누어서 세상을 보았지만 하나님은 그 모두를 자신이 창조하신 생명들로 보고 있는 것을 우리가 여기서 보게 된다. 그의 관심은 이스라엘뿐만 아니라 이방 민족이며 심지어 적대국인 니느웨의 백성까지, 그리고 그 성읍에 있는 가축에까지 이르고 있다. 그에게는 이 모든 것이 자신이 창조하신 귀한 생명들인 것이다. 그래서 하나님은 분노하며 죽기까지 각오하고 덤비는 요나를 어르고 달래서 니느웨에 있는 모든 생명들로 복음을 듣게 하고 구원을 얻을 수 있도록 기회를 만들어 주고 있다. 하나님 앞에서 포기된 인생은 없다. 오늘도 하나님은 선지자들을 우리들에게 보내 주고 계시다. 심지어 그들을 어르고 달래서라도 우리들에게 보내 주고 계시는 것이다. 이제 우리는 박넝쿨 하나에서, 조그만 담뱃불 하나에서 하나님의 인도하심을 발견하고 이 생명을 존귀히 보시는 하나님을 발견해야 할 것이다.

명예형 자살 – 사울

사무엘이 죽은 후 사울은 블레셋과 첫 전투를 맞게 된다. 마지막 사사이며 이스라엘의 정신적 지주였던 사무엘의 죽음은 이스라엘에게 뿐만 아니라 사울에게도 큰 충격일 뿐 아니라 정신적 공황을 가져온 것으로 보인다. 특히 블레셋을 길보아에서 맞은 사울은 그 군대의 규모에 놀라 두려움에 떤다. 그런데 하나님은 응답을 안하시고 결국 그는 불안한 마음에 신접한 여인을 찾는다. 그리고 그녀가 불러낸 사무엘과의 대화를 나누며 전투의 패배를 접하게 된다. 그 대화의 결과에 사울은 두려움에 기력을 다하고 기절까지 하고 만다. 영적, 정신적 지도자였던 사무엘의 부재는 이렇게 사울에게는 큰 충격이자 방황이었다고 정의할 수 있을 것이다.

이후 전투는 사무엘의 예언과 같이 이스라엘의 패배로 결과되어졌다. 블레셋 사람들이 사울과 그의 아들들을 추격하여 그의 아들 요나단과 아비나답과 말기수아가 죽고 말았다. 사울도 활에 맞아 더 이상 피하지도 못할 상황에 이르게 된 것이다. 여기서 사울의 선택은 저 할례 받지도 않은 이방인, 블레셋인들에게 모욕을 당하느니 그의 수종을 드는 무기든 자에게 자신을 죽일 것을 명한다. 그러나 두려움에 행하지를 못하자 스스로 자기 칼을 뽑아 그 위에 엎드러지므로 자살을 하고 만다.

즉 사울은 마지막 순간에 스스로의 죽음을 통하여 이방인에 의해 당해야 할 모욕을 피하고 명예로운 죽음을 선택한 것이다. 왕으로서 가질수 있는 권위를 지키기 위한 한 방편일 수도 있고 자신이 지키고 싶었던 마지막 자존심의 한 표현일 수도 있을 것이다. 이 자살에 대해서 성경은 하나님의 관점을 보여 주고 있지 않다. 즉 아무런 직접적인 판단이 드러나고 있지는 않은 것이다. 그러나 사울과 요나단의 죽음을 애도하는 다윗의 노래를 들어보면 그는 용사라 칭함을 받고 있다. 끝까지 싸우다 죽은 요나단의 죽음이나 자신의 칼 위에 엎드러져 스스로 목숨을 끊은 사울의 죽음이나 모두 용사의 죽음으로 높임을 받고 있는 것이다.

사울의 자살은 그의 의도처럼 그렇게 명예로운 자살이 되지는 않았다. 그의 시체는 비록 사후이기는 하지만 블레셋 사람들에 의해서 훼손되고 그의 시체는 사람들이 볼 수 있는 벧산 성벽에 걸렸다. 그 후에 비록 이스라엘 장사들에 의해서 그 시체가 회수되고 장사지내게 되었지만 그의 의도와는 좀 다른 방향으로 진행이 된 것이다. 이렇게 결론에 이르러서는 그의 의도대로 되지는 않았지만 사울의 죽음은 전형적인 명예형 자살이라고 할 수 있다. 왕으로서의 권위와 자신의 존엄을 잃지 않기 위한 그의 선택은 명예를 위한 것이었다.

이타적 자살 - 삼손

우리에게 잘 알려진 삼손의 이야기에 보면 그가 들릴라의 꾐에 빠져 머리카락이 잘리고 블레셋 사람들을 맞게 되는 장면이 나온다. 거기에 보면 그가 이미 여호와께서 그를 떠난 줄을 깨닫지 못하고 있다고 나온다. (삿 16:20) 그간 사사로서 많은 일들을 행했고 하나님의 기적을 이룬 사람이었지만 한 순간 하나님이 떠나는 일이 생긴 후 그는 적들에게 붙잡히고 눈이 뽑히는 고통과 함께 그들에게 끌려 나가 맷돌을 돌리는 짐승과 같은 자가 되고 말았다.

블레셋 사람들은 삼손을 붙잡은 일을 즐거이 하여 그를 불러다가 구경거리를 만들기로 하였다. 삼손이라는 두려운 존재가 그들의 놀이감이 되었으므로 그것은 큰 행사가 되었고 수없는 사람들이 그를 지켜보기 위해 몰려들었다. 성경에 보면 지붕에는 남녀 삼천 명 가량이 있었다니 그 인파가 대단했던 것 같다. 여기서 삼손은 그 인생의 마지막 기도를 드린다. "삼손이 여호와께 부르짖어 이르되 주 여호와여 구하옵나니 나를 생각하옵소서. 하나님이여 구하옵나니 이번만 나를 강하게 하사 나의 두 눈을 뺀 블레셋 사람에게 원수를 단번에 갚게 하옵소서(삿 16:28)." 즉 그는 그 인생에 단 한번의 기회를 하나님께 간구하고 그것은 그의 원수이자 하나님의 대적된 자들인 블레셋인들을 자신의 죽음으로 더하여 죽이는 것이었다. 눈이 먼 삼손은 그 있는 건축물의 두 기둥을 무너뜨림으로 수많은 대중들을 죽음으로 동행하였다. 이로써 그는 살아생전에 죽인 자들보다 더 많은 사람을 죽였다는 이야기를 듣고 있다.

그의 죽음은 이타적 죽음이라고 할 수 있다. 즉 자신이 죽음으로 국가적 대의를 이룬 것이다. 그것은 희생이라고 볼 수 있다. 그 희생이 더 큰 것을 이룰 수 있도록 한 것이다. 이러한 죽음은 고대에 자주 볼 수 있는 형태이다. 특히 전쟁의 상황에서는 영웅적 모습으로 묘사되어 나타나곤 하는 것이다. 그러면 그의 죽음은 자살이라고 할 수 있는 것인가. 비록 그의 죽음이 대의적인 죽음이라고 할 수 있고 그의 죽음 자체가 하나의 전략적 행위라고 할 수도 있지만 그것은 어디까지 자신이 죽음을 선택하고 스스로 목숨을 바쳤다는 면에서 자살이라고 할 수 있다.

생활고형 자살 – 사르밧 과부

몇 년에 걸친 가뭄으로 사르밧에 사는 과부는 극심한 생활고에 시달리게 된다. 그녀는 결국 아들과 함께 마지막 남은 한 줌의 곡식 가루와 기름으로 음식을 만들어 먹고 죽기를 작정한다. 그런데 그런 그에게 하나님의 선지자 엘리야가 나타난다. 하나님의 인도하심을 따라 나타난 엘리야는 그녀에게 마실 물을 청하며 더하여 떡 한 조각을 구하고 있다. 마지못해 그녀는 자신의 사정을 이야기하는데 염치없는 이 선지자는 그 먹고 죽을 떡에서 자기 몫도 좀 달라고 한다. 그런데 이 청이 축복이 되어 가뭄이 그치기까지 그 통에 가루가 떨어지지 아니하고 그 병의 기름이 없어지지 아니하게 된다.(왕상 17장)

일반적으로 우리가 예상할 수 있는 자살의 원인은 이와 같은 생활고에 의한 것이다. 특히 이러한 곳에서 자주 나타나는 것이 가족들의 동반자살이다. 성경에서도 그리 멀지 않은 예가 있다는 것이 신기하기도 하고 인간의 삶이 몇 천 년 전이나 지금이나 크게 다르지 않다는 생각마저 들게 한다. 여기서 우리가 주목할 수 있는 부분은 하나님께서 이들을 위해 예비해 놓으신 바가 있었다는 것이다. 인생의 마지막 남은 그루터기 하나를 붙잡고 있을 때 하나님은 기적을 만드시고 우리로 이 인생을 살 수 있는 길을 열어 주시는 것이다. 자살에 관한 인터뷰 중에서도 한 남자분은 지나고 나니 지금은 또 살만 하다는 이야기도 해 주셨다. 몇몇의 사람들은 자신이 자살하려고 하던 때를 기억하지만 어느 때부터 그 생각이 없어졌는지는 기억하지 못하고 있었다. 삶의 어려움에 빠지면 그것만 보이기 때문에 죽음 외에 선택의 여지가 없다고 여겨지기도 하지만 지나가면 또 그것이 무엇이었는지 기억조차 희미해지고마는 것이다.

사르밧 과부는 오랜 가뭄으로 인한 가난과 생활고로 아들과의 죽음을 생각했지만 그 때를 넘길 수 있도록 하신 하나님의 작은 도움은 그들을 죽음에서 생명으로 인도하신 것이다. 우리의 인생에도 그 때를 넘길 수 있는 하나님의 작은 손길들은 언제나 존재하고 있다. 엘리야와 같은 큰 선지자가 아니더라도 우리 주변의 사람들을 통해 보여주시는 하나님의 인도는 죽음이 아니라 생명으로 우리를 인도하신다. 우리에게 필요한 것은 바로 그 하나님의 인도를 우리 삶의 작은 것에서 발견하는 것이다.

절망형 자살 – 엘리야

갈멜산에서 바알의 선지자 사백오십 명과 대결했던 엘리야를 기억할 것이다. 하나님의 불로 제단을 불태운 엘리야는 백성들에게 명하여 함께 대결하였던 바알의 선시사들을 모두 기손 시내에서 죽였다. 그리고 그를 죽이려던 아합 왕에게 당당히 이제 오랜 가뭄을 거두고 하나님께서 비를 내리시리라고 예언을 전하기도 한다. 그만큼 그는 단호하였고 자신만만한 상태였던 것 같다. 그러나 이러한 이야기를 들은 아합의 아내 이세벨이 사자를 보내어 반드시 그를 내일까지 죽이겠다고 한다. 이 이야기를 전해 들은 엘리야의 반응은 뜻밖에도 죽겠다는 것이었다. 이세벨을 피해 도망간 엘리야는 광야 깊숙이 도망을 가 한 로뎀나무 아래에서 하나님께 기도하기를 "여호와여, 넉넉하오니 지금 내 생명을 거두시옵소서 나는 내 조상들보다 낫지 못하나이다(왕상 19:4)." 한다. 즉 자신이 지금 죽기를 원하니 자신을 데려가 주시기를 청하고 있는 것이다.

믿는 자들이 죽기를 청할 때 쓰는 표현이다. 개인 인터뷰 과정에서 두 명의 목사님이 자살의 충동에 대해서 이야기해 주셨는데 이 두 분이 동일하게 이야기했던 부분이다. 자살을 심각하게 생각할 때 잠자리에 들면서 이대로 잠들어 아침에 깨어나지 않았으면 좋겠다는 것이다. 자기 전에 기도하면서 '하나님, 이대로 저를 데려가 주세요.' 그랬다는 것이다. 믿는 사람으로서, 또 목사로서, 한 분은 당시 장로로서 자살을 하기는 그렇고 하나님이 이 고통으로부터 자신을 그냥 데려가 주시면 좋겠다는 생각을 오래도록 하였다고 한다. 아마 엘리야의 심정이 지금 그런 것이 아닌가 하는 생각이 든다. 하나님의 선지자로서 이 고통을 벗어나는 길을 하나님께 맡기는 것이다. 그런데 그것을 하나님이 자신을 데려가시므로 해결해 주시기를 간구하는 것이다.

문득 이러한 엘리야의 태도를 보면서 놀라운 것은 그 위대한 선지자가 어떻게 그렇게 순식간에 절망하고 좌절하여 죽기를 구하고 있는가 하는 것이다. 앞에서 보았듯이 그는 죽기를 원했던 사르밧 과부를 구했던 사람이었다. 그뿐만 아니라 아합에게 쫓기면서는 그릿 시냇가에서 하나님께서 보내 주신 까마귀를 통해 아침 저녁으로 떡과 고기를 얻어먹은 사람이었다. 그뿐인가 갈멜산의 기개는 또 어디에 있는 것인가. 그는 분명 신앙의 체험이 있는 사람이었다. 그리고 스스로도 자신을 나타내기를 "여호와께 열심이 유별한 사람(왕상 17:10, 14)"이라고 했다. 그런데 어떻게 이렇게 위대하고 대단한 선지자가 순간적으로 삶의 포기에 이르고 있는가. 이것을 어떻게 이해할 수 있을까.

그러나 이것은 무슨 대단한 일도 아니고 놀라운 일도 아니다. 우리의 인생도 이와 같다는 사실을 보여 주고 있는 한 예에 불과하다. 목사도 자살의 위험에 항상 노출되어 있는 것이고 신앙이 좋다고 하는 사람도 이러한 위험에서 벗어나지 못하고 있다. 앞의 인터뷰 결과에서 볼 수 있듯이 순간적이거나 오랜 심리적 우울증이거나 모두 신앙의 유무와 관계없이 그 깊은 죽음의 터널에 빠져들면 벗어날 수가 없는 것이다. 물론 신앙이 좋은 예방제이기도 하고 그런 어려움에서 벗어나는데 있어서는 좋은 도구이기는 하지만 신앙이 좋은 사람은 자살을 생각지 않는다거나 구원의 확신이 있다면 어떻게 자살을 생각할 수 있겠는가 하는 생각은 상당히 위험한 생각이라는 것을 지적하고 싶다. 엘리야와 같은 이 위대한 선지자도 순간적 절망에 이르러서는 죽음을 생각하게 되는 것이다.

어떻게 보면 신앙이 좋다는 것이 자살에 있어서는 더 위험할 수도 있다. 신앙은 지적인 면과 감성적인 면과 의지적인 면이 있는데 우리가 보통 신앙이 좋다고 하는 것은 감성적인 면이 발달된 것을 나타낸다. 엘리야 역시 자신을 '여호와께 열심이 유별한 사람'이었다고 하는데 이것도 감성적이고 열성적인 신앙의 형태를 보여 주고 있는 것으로 보인다. 이렇게 감성적인 사람들은 어려움이 닥칠 때 역시 감성적으로 대처하게 되는데 이럴 경우 선하지 않은 방향으로 선택되어지는 일들이 많은 것을 우리의 경험으로 알 수가 있다. 엘리야의 경우도 어떻게 보면 조울증의 형태를 보이는데 그것이 바로 갈멜산의 경험에서 곧바로 절망하여 죽음을 생각하는 그의 모습에서 볼 수 있는 모습이다. 균형 있는 성숙한 신앙을 갖는 것이 무엇보다 중요하다는 것을 여기서 보게 된다.

이렇게 로뎀나무 아래에서 죽기를 원하는 엘리야에게 하나님은 천사를 보낸다. 그를 어루만져 위로하시고 떡과 물로 먹이고 마시우신다. 그런데 천사의 나타남은 한 번으로 그치지 않고 다시 나타나 동일하게 어루만지시고 먹고 마시게 하신다. 이러한 일련의 사건을 통해 엘리야는 마음을 다잡고 육체의 힘도 얻어 사십일을 밤낮으로 걸어 하나님의 산 호렙으로 향한다. 거기서 엘리야는 하나의 증거를 보게 된다. 강한 바람과 지진과 불을 보게 되는 것이다. 그러나 그 가운데가 아니라 불이 지난 후에 세미한 소리를 통해 하나님의 음성을 듣게 된다. 그 음성을 통해서 그는 새로운 사명을 받게 된다. 아람 왕으로 하사엘을 세우고, 이스라엘 왕으로 예후를 세우고, 그의 후계자로 엘리사를 세울 것을 명받는 것이다. 이들을 통해서 하나님의 심판이 이르게 될 것을 보여 주신 것이다. 그리고 나서 길을 가는데 사밧의 아들 엘리사를 만나 그를 그의 후계자로 세우고 동행하게 되는 것이다.

이러한 사건들을 통해서 우리 인생을 이끄시는 하나님의 모습을 보게 된다. 어루만져 우리를 영적으로, 그리고 심리적으로 위로하시고 떡과 물로 우리의 일상을 채우시는 하나님. 자신의 음성을 들려주시고 그 모습을 보여 주사 우리로 신앙의 증거를 갖게 하시는 하나님. 새로운 사명으로 우리 삶의 목적을 일깨우시는 하나님. 또 함께 갈 수 있는 공동체를 허락하사 동역의 기쁨을 주시는 하나님. 이러한 하나님을 통해서 우리는 죽음의 고비에서 일어나 사역자로 다시금 서게 되는 것이다. 우리도 이러한 신앙의 과정을 통해 회복되고 일어서야 함을 보여 주시는 것같다.

신의 버림 – 유다

마지막 만찬에서 예수는 유다를 가리켜 차라리 나지 아니하였으면 좋을 사람이라고 하셨다. 그의 인생은 결국 예수를 팔아넘겨 십자가에 죽도록 하는 데 일조하게끔 되어 있었다는 것을 암시하는 것이다. 그렇게 보면 유다는 신에게 버림받은 인생이었고 그 결국은 자살로 결론되어지고 있다고 볼 수 있다.

　유다는 예수의 정죄됨을 보고 스스로 뉘우쳐 자신이 한 일에 대해 후회를 하게 된다. 그래서 그 값으로 받은 은 삼십을 돌려 주려하지만 받아들여지지 않고 결국 스스로 죽고 만다. 아마 스스로는 신의 버림보다는 자신의 잘못에 대한 비참함 때문에 이른 결론이었을 것이다. 그러나 예수의 말을 되짚어 보면 그 인생 자체가 신의 버림이었고 그 결론이 자살이 된 것으로 보인다.

　유다의 자살은 우리가 자살이라는 주제에 대해서 생각해 볼 때 가장 먼저 떠오르는 성경의 본문이라고 볼 수 있다. 따라서 우리는 자살에 대해서 성경은 무조건적으로 부정적으로 나타나 있고 그 자체가 하나의 저주라고 생각을 할 수 있다. 그러나 이미 위에서 살펴본 바와 같이 성경은 자살에 대해서 명확한 판단을 내리고 있지 않다. 오히려 구약에서 보면 명예를 지키는 한 수단으로서 칭송되고 있는 장면들도 있다. 그럼에도 불구하고 우리는 자살이라는 문제에 대해서 너무 쉽게 자살은 저주고, 자살하면 지옥 간다는 단순한 논리에 매여 있다. 그 저변에는 아마 이 유다의 자살이 큰 영향을 미쳤을 것이다. 물론 자살에 대해서 단호한 태도는 중요하다. 전에 자살문제에 대해서 정신과 의사와 대담을 나눈 적이 있다. 그의 이야기가 자살에 대해서 이러한 단순한 논리가 효과를 가지고 있다는 것이다. 그러나 이제 사람들의 의식이 높아진 상황에서 좀 더 나은 설득구조가 필요하지 않을까 하는 생각을 한다.

3. 자살에 대한 개신교인의 인식 조사

조사 연구의 목적

자살의 여러 요인 중에는 사회적인 요인이 매우 중요한 비중을 차지하고 있다. 자살은 한 개인이 극도의 절망감에 쌓여 더 이상 삶의 의미를 찾지 못할 때 극단적으로 선택하는 행위로, 언뜻 지극히 개인적이고 비사회적인 현상으로 여겨질 수 있다. 자살이 순전히 개인적인 현상이고 사회에 영향을 받지 않는다면 자살 통계는 일정한 유형을 나타내거나 증가 또는 감소 추세를 나타낼 수 없다. 그러나 자살은 시대와 사회가 변함에 따라 증가하거나 감소하기도 하고 서로 다른 유형을 나타낸다는 사실은 자살에 사회적인 요인이 영향을 미치고 있다는 증거이다.

자살에 대한 사회학 연구는 앞에서도 언급한 대로 고전 이론가인 에밀 뒤르케임(Emile Durkheim)에 의해 이루어졌다. 뒤르케임의 이론은 이후 몇 가지 문제가 제기되기도 했지만, 그가 제시한 통합과 규범이라고 하는 두 가지 변수는 자살을 설명하는 데에서 사회학의 고전으로 자리 잡았다. 특히 사회통합이 약하여 나타나는 이기적 자살과, 규범이 약하여 나타나는 아노미 자살은 오늘날에도 여전히 유효한 이론으로 여겨진다. 그는 이들 변수에 따라 계절, 시간, 종교, 결혼 여부 등에 따라 자살률이 어떻게 달라지는지를 설명하였던 것이다.

특히, 종교는 사회통합이나 규범의 측면에서 매우 중요한 의미를 갖는

다. 사람들에게 삶의 의미를 제공하며 삶의 기준이 되는 가치관과 규범을 제시하기 때문이다. 사람들은 종교를 통하여 사회 통합을 경험하게 된다. 그렇다면 자살 현상에서 종교는 어떤 영향을 미칠까? 자살 역시 생명을 해치는 일이므로 어느 종교도 자살을 정당화하지는 않는다. 그러나 종교인이라고 해서 자살을 하지 않는 것은 아니다. 이러한 종교와 자살에 대한 실증적인 연구는 이제까지 거의 없었다. 특히 자살과 관련된 전국 규모의 통계조사 자체가 거의 없는 상황에서 개신교인을 상대로 자살에 대한 의식 조사를 실시한 것은 매우 시의적절하며 시사하는 바가 크다 하겠다.

우리는 자살에 대한 개신교인의 인식을 알아보기 위하여 〈목회와 신학〉과 함께 여론조사 전문기관인 〈글로벌 리서치〉에 의뢰하여 설문조사를 실시하였다. 설문조사는 2007년 5월 8일부터 9일까지 이틀간 20세 이상인 전국의 개신교인을 전화 조사하는 방법으로 실시되었다. 표본추출 방법은 지역, 연령, 성별 개신교인 비율에 근거한 비례할당 추출을 하고, 전화번호부를 이용한 체계적 무작위 추출을 하여 513명의 유효 표본을 얻었다. 표본 오차는 95% 신뢰수준에서 최대 허용 오차는 ±4.9%이다. 전화 설문이라는 제약으로 많은 문항을 질문하지 못한 것이 다소 아쉬움으로 남지만 이 조사만으로도 우리는 많은 사실을 발견할 수 있다. 다음에서는 이번 조사 결과를 자세히 살펴보기로 하겠다.

개신교인의 자살 충동 및 계획에 대한 분석

먼저 자살 충동에 대한 경험과 자살 관련 행동에 대해서 살펴보자. 이번 조사에서는 응답자들에게 자살 충동을 경험했는지에 대해서 물어보았다. 이에 대해, '강한 충동'과 '약한 충동'을 포함하여 19.2%가 자살에 대한 충동을 느낀 적이 있다고 응답함으로써 개신교인 5명 중 1명 꼴로 자살 충동을 느낀 적이 있는 것으로 나타났다. 통계청이 2006년에 발표한 '사회통계조사보고서'에 따르면, 우리나라 국민 중 10.3%가 자살 충동을 느낀 적이 있다고 응답한 것으로 나타났다.

통계청의 조사는 시기를 '지난 1년간'으로 전제한데 반해, 이번 조사는 '개신교인이 된 이후에'라고 전제했기 때문에 직접적인 비교는 어려우나, 개신교인의 자살 충동도 매우 심각한 수준임을 드러낸 조사 결과라고 할 수 있다. 다만 작년에 한국보건사회연구원에서 실시한 '생명존중 및 자살에 대한 국민태도조사' 결과에서 15~69세 국민의 35.4%가 '자살을 생각한 적이 있다'고 응답한 것과 비교해서 다소 낮게 나타난 것은 그나마 다행이라고 할 수 있겠다.

성별로는 남성의 22.2%, 여성의 17.0%가 자살 충동이 있었다고 응답해 남성이 다소 높았으며, 연령별로는 20대의 15.0%, 30대의 24.1%, 40대의 22.1%, 50대 이상의 15.4%가 자살 충동이 있었다고 응답해 30대와 40대에서 다소 높게 나타났다. 흥미로운 사실은 일주일 평균 교회 모임 참석 횟수가 1회 미만인 사람 중 26.8%가 자살 충동을 느꼈다고 응답한 것이다. 물론 이들의 자살 충동이 최근에 있었다고 전제할 수는 없지만, 이번 조사에서 모임 참석 횟수가 1회 미만인 사람들 대부분이 직분이 없는 사람들이고 모임 참석 횟수가 많은 사람들에 비해 교회 출석 연수가 짧은 사람들인 점으로 미루어 자살 충동이 있었을 당시에도 교회 모임에 열심히 참석하지 않았을 것이라고 추정할 수 있다. 결국 교회와의 결속력이 약한 사람들이 자살 충동을 느꼈을 가능성이 크다고 추론할 수 있는 것이다.

그러나 이들이 그리스도인으로서의 정체성이 없는 이른바 '썬데이 크리스천'일 것이라고 단정할 수는 없다. 자살 충동을 강하게 느낀 적이 있는 사람들을 심층 면접해 본 결과, 대부분 당시에 '구원의 확신'이 있고 스스로 분명히 그리스도인으로서의 정체성을 가지고 있었음에도 불구하고, 자살에 대한 충동을 느꼈다고 대답했기 때문이다. 이에 대해서는 다음 장을 참고하기 바란다.

【자살 충동 경험 여부】

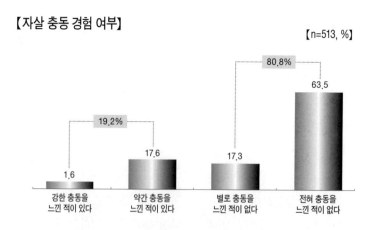

다음으로 자살 충동을 느껴본 경험이 있는 개신교인들 중에 실제로 자살 계획을 세워본 경험이 있는지를 묻는 질문에 14.5%가 자살 계획을 세운 경험이 있다고 응답했다. 이것은 전체 응답자의 2.8%에 해당하는 수치로 앞서 인용한 한국보건사회연구원에서 조사한 결과에서 '자살을 구체적으로 계획한 적이 있다'는 응답이 4.3%였던 것과 비교하면 다소 낮은 수치이다. 나이는 30대에서 20.3%로 다른 연령대에 비해 높았

고, 직분은 집사와 직분 없는 사람들로 장로와 권사 중에는 없었다. ·

이들에게 자살을 계획했던 이유를 물어봤는데, 응답은 '외로움·고독'이 34.1%로 가장 높았고, 다음은 '가정불화' 24.6%, '경제문제', 19.2%, '질환·장애' 15.1%, '직장문제' 7.1% 순으로 나타났다. 이것은 전체 국민에 대한 통계청 발표와는 큰 차이를 나타낸다. 앞서 인용한 통계청 자료에서 조사한 자살 충동에 대한 이유는 '경제 문제'가 48.2%로 가장 높았고, 다음으로 '가정불화' 15.4%, '외로움·고독' 12.0%, '질환·장애' 8.2%, '직장 문제' 6.0% 순이었다.

이번 조사에서 '경제 문제'가 다소 낮게 나타난 것은 개신교인들에게 경제 문제가 없다기보다는 신앙으로 경제 문제의 어려움을 어느 정도 극복한 것으로 해석해야 할 것이다. 그러나 뜻밖에도 외로움과 고독이 자살을 계획한 가장 큰 이유라는 것은 매우 심각한 문제를 제기하고 있다. 다른 종교에 비해 모임의 빈도가 높은 개신교인들이 외로움과 고독 때문에 자살을 계획한다면 교회의 모임들이 교인들에게 실제적인 의미가 있는지에 의문이 제기될 수 있기 때문이다. 이에 대해서는 뒷부분에서 자세하게 다룰 것이다.

【자살 계획 경험 여부 및 자살 계획했던 이유】

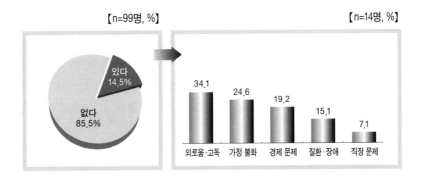

자살 충동과 관련해서, 목회자로부터 실질적인 도움을 받았는지에 대하여 18.8%가 도움을 받았다고 응답하였는데, 도움의 내용은 주로 '상담'이었고, '기도'와 '예배시간 말씀'도 포함되어 있었다. 도움을 받지 못한 이유로는 '절실하지 않아서'(25.7%)를 제외하면 '기도하며 스스로 극복'(25.4%)이 가장 높았고, '부끄러워 도움을 요청하지 못해서'(17.0%), '순간의 감정은 자신이 해결'(14.5%) 순이었고, '소문날 것 같아서'도 5.6%를 차지했다.

심층면접을 통해서 같은 질문을 했을 때에는 '목사님과 거리감이 있어서' 요청을 하지 못했다는 얘기도 들을 수 있었다. 설문 조사에서 보면, 교회 다닌 연수가 20년 이상 된 사람들 중에 '부끄러워서 도움을 요청하지 못했다'는 사람들이 가장 많은 비중(26.6%)을 차지한 것으로 나타났다. 이것은 자살 문제를 얘기할 만큼 목사님과의 사이에 충분한 인격적인 관계가 형성되지 않았기 때문에 선뜻 말을 꺼낼 수 없었다는 것을 나타내는 것이다.

【자살 충동과 관련, 목회자로부터 도움을 받았는지 여부 및 도움 종류】

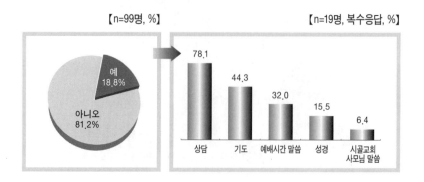

【n=99명, %】

【n=19명, 복수응답, %】

예 18.8%
아니오 81.2%

상담 78.1
기도 44.3
예배시간 말씀 32.0
성경 15.5
시골교회 사모님 말씀 6.4

【자살 충동과 관련, 목회자로부터 도움을 받지 못한 이유】

【n=80명, 복수응답, %】

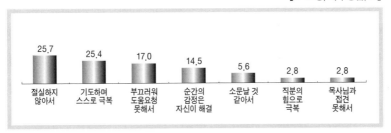

25.7	25.4	17.0	14.5	5.6	2.8	2.8
절실하지 않아서	기도하며 스스로 극복	부끄러워 도움요청 못해서	순간의 감정은 자신이 해결	소문날 것 같아서	직분의 힘으로 극복	목사님과 접견 못해서

또한 자살을 계획했다가 포기한 이유에 대해서도 질문하였는데, '목사님의 말씀을 듣고'가 20.2%로 가장 많았고, '용기가 없어서' 16.6%, '가족 때문에' 16.2%, '항상 지켜 주시는 하나님 때문에' 13.9%, '책임져야 할 부분 때문에' 13.6% 순(중복응답)으로 나타났다. 두드러진 차이는 아니지만 그래도 5명 중 1명은 목사님의 말씀을 듣고 자살을 포기했다고 응답한 것은 자살 문제에서도 역시 목회자의 역할이 얼마나 중요한지를 알게 해준다. 설교를 통하여 직간접으로 자살 문제에 대한 올바른 태도를 인식시킬 필요가 있다.

【자살을 계획했다 포기한 이유(복수응답)】

【n=14명, %】

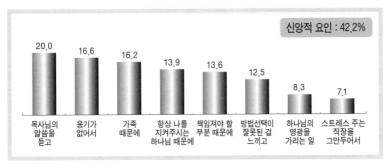

신앙적 요인 : 42.2%

20.0	16.6	16.2	13.9	13.6	12.5	8.3	7.1
목사님의 말씀을 듣고	용기가 없어서	가족 때문에	항상 나를 지켜주시는 하나님 때문에	책임져야 할 부분 때문에	방법선택이 잘못된 걸 느끼고	하나님의 영광을 가리는 일	스트레스 주는 직장을 그만두어서

개신교인의 자살에 대한 의식 분석

다음으로 자살에 대한 의식을 알아보기 위해 몇 가지 질문을 하였다. 먼저 '자살은 어떤 경우에도 절대 해서는 안 된다'는 의견에 얼마나 동의하는지 물어보았는데, 99.1%가 긍정의 응답을 하였다. 교회 다닌 연수가 길고, 교회 모임 참석 횟수가 많을수록 '매우 그렇다'는 긍정 응답의 비율이 높았는데, 특히, 소그룹 모임에 자주 참석하는 사람일수록 긍정 비율이 높아서 일주일 동안 소그룹 모임 횟수가 2회 이상인 사람들 모두가 '매우 그렇다'는 응답을 하였다. 교회에 오래 다니고 교회 모임에 자주 참석하는 사람일수록 자살에 대한 경각심이 분명하다는 것을 알 수 있다.

그러나 한 가지 주목할 만한 사실은 자살 충동 경험이 있는 사람의 경우 '매우 그렇다'는 응답이 89.2%로 자살 충동 경험이 없는 사람(94.2%)에 비해 자살에 대한 경각심이 약한 것으로 나타났다. 이것은 자살 충동의 경험이 있는 사람들은 자살에 대해 약간은 관용적인 태도를 갖는 것으로 볼 수 있다. 심층면접에서 만난 사람들은 "내가 그렇게 고생해 보니 자살하는 사람들의 마음을 이해할 수 있겠더라."고 하는 말을 많이 하였다. 특히 자살 시도자의 경우에 자살 재시도의 가능성이 높은 것으로 알려진 것을 감안할 때, 자살 충동 경험자에 대한 깊은 관심과 보살핌이 필요하다고 하겠다.

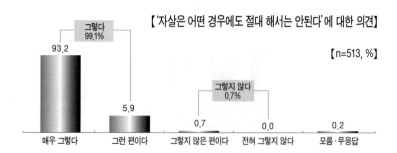

【'자살은 어떤 경우에도 절대 해서는 안된다'에 대한 의견】

그렇다
99.1%

93.2

【n=513, %】

5.9

그렇지 않다
0.7%

0.7   0.0   0.2

매우 그렇다   그런 편이다   그렇지 않은 편이다   전혀 그렇지 않다   모름·무응답

다음으로 '자살한 사람의 장례를 교회에서 치러 주는 것이 좋다'는 의견에 대해서는 68.7%가 긍정적으로 평가하고 있어 개신교인들 가운데 자살자에 대해서 교회가 용납해야 한다는 잠재적인 인식이 높은 것으로 나타났다. 특히, 여성의 63.1%가 긍정의 응답을 한데 비해, 남성의 76.4%가 긍정의 응답을 하여 성별 의식의 차이를 나타냈고, 교회에 10년 이하 다닌 사람의 55.4%만이 긍정의 응답을 한데 반해, 교회에 11년~20년 다닌 사람의 73.4%, 21년 이상 다닌 사람의 71.5%가 긍정의 응답을 하여 교회 다닌 연수에 따라 큰 의식의 차이를 드러냈다. 또한 자살 충동 경험이 있는 사람의 76.4%가 긍정의 응답을 하여 자살 충동 경험이 없는 사람보다 10%p 가량 높은 수용적 태도를 나타냈다.

사실 많은 한국교회의 목회자들은 자살자의 장례를 교회에서 치러주는 것을 매우 꺼리고 있는 형편이다. 그것은 자살이 매우 심각한 범죄인데, 자살자의 장례를 교회에서 치러 주는 것이 자살 행위 자체를 용인하는 것처럼 보일 수 있음을 염려하기 때문이다. 물론 자살은 방지되어야 하고, 성경의 가르침에 어긋나는 행위임이 분명하다. 그러나 자살자의 가족이라는 이유로 사회적으로 냉대를 받고, 신앙적으로도 불안해 하는 사람들을 교회에서 품어 주고 위로하는 것이 결코 기독교 윤리적으로도 문제되지 않는다고 생각한다. 이 문제에 대한 교회와 목회자들의 숙고가 필요할 것이다.

【 '자살한 사람의 장례를 교회에서 치러 주는 것이 좋다'에 대한 의견】

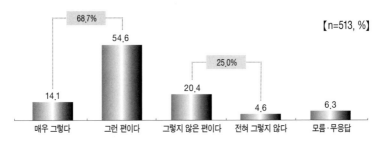

다음으로 '자살은 신앙적인 문제라기보다는 정신과적인 질병으로 봐야한다'는 의견에 대해 85.1%가 긍정의 응답을 하였다. 연령이 높을수록 교회 직분이 높을수록 자살을 정신과적인 질병으로 생각하는 비율이 높았다. 물론 모든 자살(시도)자들이 정신과적인 질병으로 자살을 (시도)하는 것은 아니지만, 통계조사에 의하면 우울감이 높을수록 자살에 대한 생각이나 계획 또는 시도를 하는 경우가 큰 폭으로 증가하는 것으로 나타난다. 자살 사망자들에 대한 연구에 의하면, 자살자들의 약 90% 이상이 정신 병리와 관련되는 것으로 알려져 있다.

【'자살은 신앙적인 문제라기보다 정신과적인 질병으로 봐야 한다'에 대한 의견】

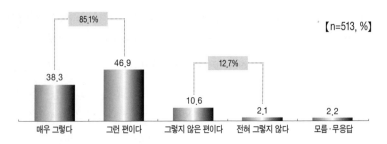

흔히 신앙심이 깊으면 자살 충동을 느끼지 않을 것이라고 생각한다. 물론 일정한 정도의 상관관계는 있을 것이다. 그러나 단순히 신앙 훈련만 열심히 한다고 해서 자살의 유혹을 받지 않는다고는 할 수 없다. 정신의학자들에 따르면, 사람들은 어떤 절망적인 사고에 빠져들 때, 다른 생각을 하지 못하고 그 생각 한 가지에만 더욱 깊이 빠져들게 되는 이른바 '터널 증후군'을 보이게 된다고 한다. 마치 터널 속에 있는 것처럼 생의 막다른 골목에서 절망하면서 자살을 유일한 대안으로 선택하는 경향이 있다는 것이다. 따라서 자살 문제는 자살 문제대로 교회 차원의 대비와 예방책을 세우는 것이 필요하다.

이와 관련하여, '교회에서 자살을 예방할 수 있는 프로그램을 실시해야 한다'는 의견에 대한 입장을 물어보았다. 이에 대해 긍정의 의견이 87.9%로 대부분이었고, '매우 그렇다'고 생각하는 비율도 절반에 가까운 43.2%에 이르렀다. 연령이 높고, 교회 다닌 연수가 높을수록, 그리고 장년 출석 인원이 많은 교회에 다닐수록 교회 내 자살 예방 프로그램 실시에 대해 매우 긍정적인 것으로 나타났다. 특히, 자살 충동의 경험이 있는 사람들의 55.1%가 '매우 그렇다'고 응답하여 자살 충동 경험이 없는 사람들(40.4%)보다 높은 긍정률을 보였다.

　심층면접에서 만난 사람들은 대부분 '당연히' 자살 예방 프로그램이 있다면 많은 도움이 될 것이라고 응답했다. 그러나 실질적으로 도움이 되지 않을 것이라는 의견도 있었는데, 자살과 같은 개인적이고도 은밀한 문제를 교회에 와서 얘기할 사람은 별로 없을 것이라는 이유에서였다. 특히 그런 행사에 참여하는 사람은 잠재적 자살 시도자라고 스스로 드러내는 것이기 때문에 소문이 날 것을 염려하게 된다는 설명이었다. 따라서 교회에서 자살 관련 프로그램을 하더라도 직접 '자살'이라는 단어를 사용하기보다는 간접적으로 표현하는 것이 좋을 것이라는 조언은 참고해야 하리라 생각된다.

【 '교회에서 자살을 예방할 수 있는 프로그램을 실시해야 한다'에 대한 의견】

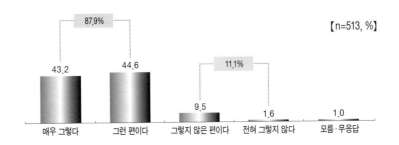

【 n=513, % 】

87.9%

43.2　　44.6

11.1%

9.5　　1.6

1.0

매우 그렇다　　그런 편이다　　그렇지 않은 편이다　　전혀 그렇지 않다　　모름·무응답

우리 사회에서는 '자살'이라는 낱말을 입에 올리는 것조차도 매우 꺼리는 분위기이다. 한국보건사회연구원의 조사에 따르면, 우리 국민의 58.1%는 '자살에 대해 말(조차)해서는 안 된다'는 의견을 가지고 있었다. 자살예방센터에서 일하는 자원봉사자는 몇 년 전에 처음으로 중고등학교에 자살 예방 프로그램을 제안하려고 학교 관계자들을 만났을 때, 조용히 공부 잘 하는 아이들 괜히 부추기지 말라며 거절당했다는 얘기를 들려주었다. 또한 자살 예방 캠페인을 위해 지하철역 구내에 스티커를 붙였던 한 정신과 의사는 엄청난 비난 여론에 시달렸다고 한다. 그러나 최근에는 '자살도 질병이다', '자살도 예방할 수 있다'는 인식이 사회적으로 널리 퍼지고 있다. 사회 규범의 원천이라고 할 수 있는 종교 기관은 자살 문제에 더욱 관심을 가지고 예방책 강구에 앞장서야 할 것이다.

4. 자살 경험자 및 의도자 심층 인터뷰

인터뷰 대상자:
[A] 37세 남. 신학생 / [B] 36세 여. 전직 간호사 / [C] 52세 남. 개인사업 / [D] 36세 남. 개인사업 / [E] 28세 남. 보험업 / [F] 36세 여. 일러스트 / [G] 40세 남. 회사원

죽음. 그것은 두려움이다. 아직 겪어보지 못했고 그 이후를 알지 못하기 때문에 사람들은 죽음에 대한 두려움을 가지고 있다. 아마 이것이 죽음에 이르는 과정에서 겪게 될 고통보다도 우리가 가지고 있는 두려움의 본질일 것이다. 이 두려움에도 불구하고 스스로 죽음을 선택하고 또는 심각하게 다가갔던 사람 일곱을 만났다. 그들은 모두 죽음 이후를 이해할 수 있는 신앙인들이었다. 그럼에도 불구하고 그들은 스스로 죽음 앞에 섰고 그들의 삶을 이제 담담하게 이야기하고 있다. 그들을 통해 '자살'의 의미를 살펴보고 사회적 연관성과 예방 가능성을 살펴보고자 한다.

자살에 대한 오해

이번 인터뷰 대상자 모두는 자살에 대해서 절대적으로 부정적인 태도를 보였다. 그러나 그 이유를 물어 보았을 때는 다양한 답변이 나왔다.

예를 들어 지옥에 간다고 이야기하는 사람도 있었고 사탄이 목숨을 가져가려는 것이라고 설명하는 사람도 있었다. 또는 좀 더 논리적으로 지옥에 간다는 것보다는 "생명은 하나님이 주신 것이기 때문에"라고 대답하며 자살도 살인이라고 설명하는 사람도 있었다. 또는 경험에 의해서 다른 설명을 하는 사람도 있었는데 D의 경우 지방의 작은 교회에서 신앙이 좋다고 하시는 두 분의 자살을 경험하면서 구원은 하나님께 속한 것이기 때문에 자살한 사람들이 반드시 지옥에 간다고 생각하지 않는다고 답하기도 했다. 그는 "자살을 한다고 해서 그것으로 지옥에 갈 것인가, 구원의 확신을 가지고 신앙생활을 했었던 사람들이 자살을 선택했다고 해서 지옥에 간다면 그것은 아니라고 생각이 들거든요. 자살에 이르기까지 물론 신앙이 있으면 또 극복할 수 있겠지만 그렇지 못한 부분에서, 정신적인 심한 우울증이라든가 그것은 일종의 병이잖아요. 그런 것으로 해서 자살하는 사람도 있는데 저는 우리가 쉽게 판단할 수 있는 부분이 아니라고 생각해요."라고 잘 정리된 언어로 명확하게 이해하는 사람도 있었다.

그러나 F의 경우, 자살이 정신적인 문제라고 대답하다가도 신앙이 전제된 사람은 자살을 생각 안 할 것 같다고도 대답을 하기도 하고 정리되지 않은 모습을 보이기도 했다. 특히 C의 경우, 자살에 대해서 교회의 가르침을 거스르는 것이라고 답변을 하면서 그 이유를 "교리에도 나와 있잖아요. 자살은 최고의 악이라고." 이야기하고 그런 이야기를 어디서 들으셨느냐는 질문에 "성경에서도 본 적이 있고, 장경동 목사님이 설교할 때 그 이야기를 많이 해요. 기독교방송에서 그 목사님이 설교하시는 것을 보면 자살은 죽어도 안 된다는 말씀을 많이 하세요."라고 답변을 했다. 상당히 상식적인 대답이면서 그것에 대한 확신으로 성경에서 보았다는 대답까지 하는 것을 보았다. 성경에는 자살에 대해서 우리가 우회적으로 얻을 수 있는 근거는 있지만 직접적으로 언급된 부분은 없다는 사실을 기억할 때 그의 대답은 자신이 얻은 상식에 더한 확신으로 밖에 이해할 수 없었다.

이러한 것들을 살펴볼 때 교회에서 자살에 대해서 정확한 정보를 제공할 필요가 있다고 본다. 이들 모두가 자살에 대해서는 간접적으로 들었던 상식밖에 없고 그러한 상식들이 일관되어지지 않고 정확하지도 않기 때문에 여러 가지 오해들을 불러일으킬 수 있기 때문이다. 특히 자살하면 지옥간다는 단순한 생각이 과연 오늘날 만연되어진 자살의 경향 속에 사는 우리들에게나 자살로 주변의 사람을 먼저 보낸 유가족이나 친지들에게 긍정적이지 않은 영향을 끼칠 것을 생각하면 이 문제를 교회에서 진지하게 다루어 보아야 할 필요가 있다고 본다.

남자는 충동, 여자는 우울

인터뷰는 5명의 남성과 2명의 여성과 진행되어졌다. 그런데 특이한 점은 남성은 모두 상당히 충동적인 면이 강했고 여성들은 모두 오래된 우울증으로, 심한 경우 한 여성은 정신분열로까지 이루어졌다는 것이다. 남성들의 경우 대상사 모두 사살로 이어질 수 있는 외부적 요인이 자리하고 있었다. 예를 들어 사업의 실패와 사기, 동생의 죽음, 가정의 불화, 가정의 불행 등이다. 이들은 모두 순간적으로 또는 단기적으로 자살에 근접했었으나 그 위기를 넘기고 어느 정도의 시간이 지나면서 자연스럽게 자살의 위험에서 벗어나 있었다. 예를 들어 A의 경우, 동생의 죽음으로 죄책감을 느끼고 자신도 죽어야겠다는 생각에 자살의 위험에 심각하게 들어갔으나 그 자살에 대한 생각이 어느 때부터 사라졌는지는 정확하게 이야기하지 못했다. 그냥 이사를 해 다른 환경에 들어가고 새로운 교회 공동체 안에 흡수되면서 삶이 바빠지고 어느 순간 그러한 생각에서 놓임을 받았다는 것이다. G의 경우, 모범생으로 순탄한 삶을 살다가 부부관계의 어려움 가운데 인생에서 처음 겪는 충격에 순간적으로 며칠간 아파트 베란다를 서성거렸다는 것이다. 그 이후 내면적으로 그 문제는 극복되어졌고 신앙은 그를 더욱 건강한 사람으로 만들었다.

그러나 여성의 경우는 장기간의 우울증이 작용을 하였다. B의 경우는 불우한 가정환경이 계속적으로 작용을 하였고 그것이 장기화되면서 정신분열로까지 이어진 경우이다. 현재까지도 그러한 어려움이 있어서 자매들과 겪는 고통이 심했고 격한 감정에 자살을 시도했었다. 그리고 F의 경우는 산후 우울증과 건강의 어려움 때문에 몇 년 간에 걸쳐서 우울증에서 벗어나지를 못했다. 아이에 대한 원망과 교회 생활의 어려움 등이 있었는데 아이를 유치원에 보내기 시작하고 새로운 교회로 이전을 하면서 그러한 우울증에서 벗어나게 되었다.

이런 측면에서 볼 때 우리가 자살에 대해서 대처하는 방법은 자살의 원인이 다양한 것과 같이 다양한 측면에서 접근되어져야 한다고 본다. 요즘 일반적으로 이해되어지는 우울증이라는 생각은 남성들에게는 제대로 된 이해를 저해할 수도 있다. 자문을 얻은 한 대학병원의 신경정신과 의사는 선천적으로 남성과 여성의 차이를 설명하며 이러한 분석이 과학적임을 뒷받침해 주었는데 그는 이를 간단히 설명하여 남녀 간의 호르몬의 차이가 가져오는 결과로 이야기해 주었다. 따라서 자살에 대한 예방이라고 하는 것은 단순히 우울증상이 보이는 사람들에게 다가가는 형태에서 그치는 것이 아니라 좀 더 포괄적으로 천하보다 귀한 생명에 대한 존엄성을 강조하며 하나님의 마음에서 자신을 바라볼 수 있도록 만드는 것이 더 의미가 있다고 본다. 이것을 또한 너무 신앙적인 잣대로 재단하게 될 때는 자신이 하나님께 버림 받았다는 생각을 가지게 만들어 더 어려워질 수도 있다. 특히 F의 경우는 자신이 우울증을 겪던 때를 성령이 떠났던 때라고 표현하기도 하고 스스로 눈을 감고 생각할 때는 자살의 유혹과 함께 하나님이 없을 것 같다는 생각까지 들었다는 것이다. 따라서 이러한 자살의 문제를 단순히 신앙이 없어서라고 판단하고 기도하면 된다는 식의 단순한 권고보다는 하나님께서 주신 생명에 대한 경외심을 강조하는 것이 더 좋을 것 같다.

그리고 더 강조해 본다면 몇몇 사람들이 지적해 준 바와 같이 교회에서 자살에 대한 프로그램을 갖는 것은 찬성하지만 과연 그러한 프로그램에 사람들이 참여할 수 있겠느냐는 의문이 든다. 자살이나 우울증이라는 주제로 세미나를 개최하게 되면 사람들이 거기에 참여하는 것 자체가 스스로 인정하고 밖으로 보이는 것이 되기 때문에 꺼림이 될 수 있다는 것이다. 따라서 좀 포괄적인 교육으로 설교나 성경공부와 같은 프로그램 가운데서 때때로 인간의 생명의 존귀함과 그 존재의 귀중함을 일깨워 주는 교육이 필요하다고 본다. 이것이 전문적인 지식이나 관점을 가지지 못한 성도들에게는 큰 영향을 미치기도 하고 삶의 어려움 가운데 있는 사람들에게 자신의 생각을 다잡을 수 있는 역할을 하기도 하는 것이다. 실제적으로 이미 언급한 바와 같이 C의 경우, 방송설교에서 들은 내용이 자신의 중요한 관점이 되기도 하고, F의 경우는 심방 오신 목사님이 기도를 해 주면서 참 힘들겠다는 말 한마디에 펑펑 울고 신앙을 다잡고 기도로 고비를 극복했다는 이야기도 해 주었다.

특히 신앙과 연결하는 것의 문제점을 더 지적해 본다면 이번 인터뷰에 응해준 사람들 모두가 신앙적으로 나무랄 데 없는 사람들이었고 교회의 가르침이 자살을 허용하고 있지 않다는 것도 알고 있었지만 자살이라는 상황 속에서는 다른 것을 생각해 볼 여력이 없었거나 다르게 생각하게 되었다고 증거하고 있다. A의 경우, 자살을 심각하게 생각할 때는 사고

사로 위장하기 위해 몇 달간 자동차를 시속 200km 씩 달리고는 했는데 그 기간에도 저녁 때는 교회에 가서 열심히 기도하곤 했다는 것이다. 비록 그것이 초기에는 하나님께 대한 원망과 통곡이었다고 할지라도 그는 열정적인 신앙의 자세를 당시에 가지고 있었다고 보인다. 즉 죽어야겠다는 생각에 머물게 되면 이성이나 신앙이라는 것들이 별 영향을 못 미치게 되는 것으로 보인다. 그런 의미에서 F의 경우를 잘 설명해 주었다. 그녀는 산후우울증을 심하게 앓았는데 아이를 칼로 찔러 죽이겠다는 상상을 해서 스스로 두려움에 집안에서 칼을 숨기기도 하고 자신도 심각한 자살의 위험 가운데 있었다. 그녀의 증언이다. "눈을 감으면, 그때는 나밖에 생각이 안 났어요. 내가 어떻게든 살아야 되는데, 눈을 감으면 내 일이 아니었으면 좋겠고. 이런 생각까지 했어요. 약을 먹고 죽어버릴까. 하나님이 없을 것 같다는 생각이 들었어요. 나를 이렇게 방치해 놓는데 내가 그동안 믿었던 하나님이 없었나보다, 착각이었나 보다." 즉 자살 생각 가운데 있을 때는, 또는 그러한 상황 가운데 있을 때는 다른 어떠한 것이 영향을 못 미치고 있는 것으로 보인다.

실제적으로 자살의 마지막 순간에 그들이 붙잡은 것은 신앙이라기보다는 '어머니'였다. 우울증의 경우는 그나마도 끼어들 여지가 없었지만 남성들의 경우, 특히 A, C, G의 경우 늙으신 어머니가 자신이 죽으면 얼마나 마음이 아플까 하는 생각에 그 행동을 멈추었다고 증언하고 있다. 이러한 증언들을 토대로 생각해 볼 때 자살에 대해서는 직접적인 프로그램도 중요하겠지만 무엇보다도 그 예방적 차원에서 포괄적인 개념의 교육이 반드시 전제되어야 할 것으로 보이고 이를 위해서 설교나 교육을 담당하는 목회자나 교회지도자들에 대한 교육이 절실히 필요해 보인다.

이런 의미에서 좀 더 포괄적으로 얘기해 본다면 우리 성도들에게 바른 가치관을 심어 주기 위해 교회는 노력해야 할 것으로 보인다. C나 F

의 경우는 전형적인 아노미적 자살의 예로 볼 수 있는데 C는 경제중심적 사고에 매몰되어 있는 경우였다. 그는 한 때 컴퓨터 계통의 사업을 잘 하였었으나 사업의 실패를 경험하고 연속되는 어려움을 겪고 있었다. 그는 신앙생활도 경제문제로 좌우된다고 이야기한다. 십일조를 못 내서 떳떳하지 못하다는 이야기도 하고 그런 모습이 남들에게 보일 때도 안 좋을 것이라는 이야기도 한다. 이런 가치관을 가지고 있는 사람이 사업의 실패로 인해 순간적으로, 또 그 결과가 장기적으로 연속되어지니 죽어야겠다는 생각이 드는 것이다.

그리고 F의 경우는 결혼 전에 직장 생활도 하고 나름 결혼에 대한 환상을 가지고 있었다. 그것이 신혼 때까지는 이어졌는데 당장 아이를 낳게 되니까 어렵게 된 것이다. 직업상 자유로운 예술적 마인드를 가지고 있었는데 아이로 인해 얽매이게 되고 신앙생활도 쉽지 않게 되니 심한 우울증에 걸리게 되었다. 그 가운데 드는 생각이 아이가 하나님의 선물이라지만 너무 힘들다는, 오히려 내 인생의 걸림돌이라는 생각이 들게 되는 것이다. 이것이 대표적 아노미 현상인데 높은 기대치에 비해 그것이 이루어질 수 있는 여건이 안 되는 것, 바로 이 가운데서 나타나는 갈등을 아노미의 한 형태라고 할 수 있는 것이다. 이 둘의 치유는 일상의 회복을 통해서 일어난다.

C의 경우는 사업으로 또 한 번 한탕하겠다는 생각을 접고 육체노동을 통해서 서서히 일을 시작하면서 삶에 대한 의욕을 되찾았고 F의 경우는 새로운 교회에서 찬양 가운데 치유함을 얻고 삶에 대한 긍정을 되찾게 되었다. 즉 삶이 없는 경제중심의 사고나 한탕주의, 그리고 과도한 기대들이 우리 삶을 뒤흔들게 되고 안정을 빼앗게 되는 것이다. 그 가운데 나타나는 아노미는 뒤르케임의 이야기처럼 자살의 중요한 원인이 되는 것이다. 따라서 교회는 바른 가치관과 세계관, 그리고 하나님께서 허

락해 주신 일상에 대한 바른 접근을 교육시켜야 할 필요가 있다고 본다. 이러한 일상의 긍정과 회복, 그리고 그 가운데 자신을 보이시는 하나님의 신비를 경험할 수 있도록 교회는 힘써야 할 것이다.

이러한 포괄적인 개념의 교육을 위해서 교회는 목회자들에 대한 교육을 강화해야 할 필요가 있다. 자살에 대한 바른 이해를 줄 수 있고 더 나아가 그 원인과 분석까지도 가능할 수 있게 만들어 줄 때 그들의 설교나 교육은 잘못된 생각으로 나아가고 있는 성도들을 구할 수 있는 힘이 될 것이다. 그런 의미에서 생명에 대한 교육이나 일상에 대한 교육도 필요하다고 본다. 인생의 궁극적인 의미나 이 땅에서 우리가 추구하는 행복의 의미에 대해서 이야기해 줄 수 있는 목회자들을 교육해야 한다. 그들이 자신의 어려움에 코를 박고 있는 사람들에게 넓고 크게 볼 수 있는 눈을 열어 줄 수 있을 것이다. 모든 사ㄷ람들은 인생에서 크고 작은 어려움을 겪게 되는 것이 사실이다. 단지 그 어려움을 극복할 수 있느냐, 없느냐의 차이가 우리를 극단에 서게 만드는 것이다. 그것은 사고의 차이다. 인간의 고통을 넉넉히 이길 수 있는 신앙으로 훈련되어진 사고가 그러한 위험 자체를 경험하지 않고 넘어갈 수 있는 도구가 될 수 있는 것이다. 그런 의미에서 포괄적 개념의 교육은 절실히 필요하다고 볼 수 있다.

그럼에도 불구하고 극단적 상황에 있는 사람들에게 제공 되어질 수 상담소 역시 필요하다고 본다. 이번 인터뷰에서 C와 G는 동일하게 가톨릭의 고해성사를 언급했다. 우연이라기보다는 그 둘이 심각한 어려움을 겪고 있을 때 그러한 고해성사가 절실했었을 수 있다. 남자들의 경우는 자신의 이야기를 내어 놓기를 꺼려한다. 심지어 아내에게조차도 그들은 자신의 이야기를 내어 놓지 않았고 친한 친구에게도 그러한 이야기를 진지하게 내어 놓지 못했다. 그러한 답답한 심정에 가톨릭의 고해성사가 부러웠던 것으로 보인다. 개신교의 경우는 목회자나 주변 교인들에게 자신들의 문제를 내어 놓기가 어려운 상황이다. 어색한 부분도 있고 그런 것이 일반화되어 있지가 않기 때문인 것으로 보인다. 그런 의미에서 지역적 연대 가운데 상담소를 운영하는 것을 제안해 본다. 지역교회들이 경제적으로 후원하고 지원하며 그러한 연대 가운데 있는 상담소를 교회에서 자연스럽게 광고 가운데 소개하고 주보에 지속적으로 홍보하는 것이다. 언제든 어려움이 있는 사람은 익명으로 상담을 받을 수 있고 도움을 얻을 수 있다는 사실을 평소에 인지시켜 놓으면 사람들이 어려움을 겪을 때 찾아갈 수 있을 것이다. 실제적으로 B의 경우는 이러한 도움을 얻을 수 있는 곳을 알지 못해서 그 자신이나 가족이 힘들어 하는 상황에 있었다. 이번 인터뷰 과정에서 상담소를 소개해 주고 인터뷰 과정도 상담전공자가 주도했었는데 그러한 곳을 소개 받은 것 자체를 상당히 감사했었던 기억이 있다.

이미 살펴본 바와 같이 한국사회에서 자살은 심각한 문제가 되었다. 이제 교회는 전방위적인 대책으로 나서야할 때라고 본다. 어떤 측면에서 보면 너무 늦었다는 생각이 들고 포괄적 개념으로 대책을 세워야 한다면 너무 오래 걸릴 것으로 보이기도 하지만 천하보다도 귀한 생명에 관한 일이기에 교회가 적극적으로 행해야 할 때이다.

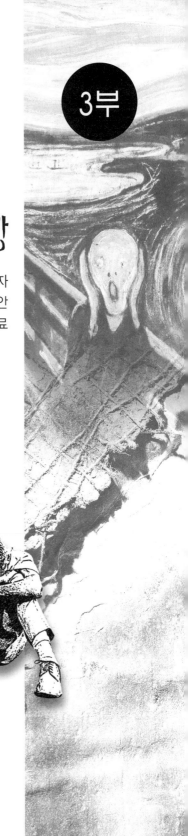

3부

한국교회의 자살예방

1. 한국교회, 자살을 논하자

우리 사회에서는 보건복지부나 한국자살예방협회 등이 나서서 자살을 국가적 문제로 인식하고 늦은 감은 있지만 그 예방을 위해 노력을 기울이고 있다. 그러면 교회는 이 문제에 대해 어떻게 다가가야 할까? 사람의 생명은 그 무엇보다도 귀중하다는 것이 우리 기독교의 기본 생각이다. 천하보다도 귀하다는 그 생명에 대해서 우리가 무엇인가를 할 수 있다면 최선을 다해야 하는 것이 아니겠는가. 우리가 다른 질병에 대해서는 어찌할 수가 없지만 이 자살 문제에 대해서는 심각하게 생각해 보아야 한다고 본다. 교회에서 전해지고 있는 목사님들의 설교 중 단 한 마디에 자살에 심각하게 매몰되어 있던 한 생명이 눈을 들어 볼 수 있다. 또는 교회에서 일상적으로 일어나고 있는 공동체 생활 속에서 자신의 존귀함을 깨닫고 그 영혼이 치유되는 경우도 있을 수 있다. 교회는 자살의 문제에 있어서는 이 사회의 그 어떤 기관보다도 효과적인 일들을 해낼 수 있는 여건과 환경을 가지고 있다.

이제 우리가 자살을 사회적 질병으로 생각하고 그 근간에는 이 사회의 정신적 공허로 인한, 즉 아노미로 인한 현상이 자리하고 있다고 규정한다면 이 사회에 선한 정신적 영향력을 끼치고 있는 교회가 이 문제에 적극적으로 나서야 할 때라고 생각한다. 적어도 이 사회의 오분의 일에 이르는 우리 교인들이 인생의 절망, 그 끝에 이르러 죽음을 선택하는 일이 없도록 도와야 할 것이다. 이를 위해서 다음과 같은 구체적인 방안들을 제시해 본다.

첫째, 무엇보다도 자살에 대한 관점의 전환이 필요하다. 그간 기독교에서는 가룟 유다의 자살에서 신의 저주를 보듯이 자살하면 지옥간다는 상식이 이어져 왔다. 그러나 최근에는 자살자들이 급증하고 교인이었던 이은주, 유니, 정다빈 같은 유명인들이 자살로 삶을 마감하는 사건들이 일어나면서 자살에 대한 새로운 이해를 찾고 있다. 특히 이들의 장례식이 교회의 테두리 안에서 행해지므로 사람들은 많은 문제 의식을 가지게 되었다. 여기에 자살자들은 정신적 질병, 즉 우울증으로 인한 피해자라는 의식이 일반화되어지면서 교회는 자살에 대해서 또 다른 국면을 맞이하고 있다고 볼 수 있다. 쉽게 이야기해서 자살에 관해서는 현재 교리적 윤리적 정의도 모호한데 사회적 영향력이 더 큰 상태라고 할 수 있는 것이다.

이럴 수밖에 없는 것이 성경에서는 자살에 대해서 그리 부정적이지 않은 관점이 곳곳에서 보이고 있고 윤리적으로도 확정적이지 않았었기 때문이다. 더군다나 자살이라고 하는 것이 그 원인을 명쾌하게 밝힐 수 있는 것도 아니기 때문에 모든 자살이 다 죄라고 할 수도 없다는데 문제가 있다. 이러한 상황에서 단순하게 신앙이 없어서 자살을 했다거나 구원의 확신이 없었을 것이라는 단죄는 하나님의 영역을 우리가 침범하는 행위이며 자살한 사람들은 모두 지옥에 갈 것이라는 언어 표현도 남아 있을 유족들을 생각해 볼 때 또 다른 우울증 환자를 양산해 내는 잘못을 저지를 위험이 높다. 따라서 자살에 대해서 기독교윤리학, 심리학, 상담학, 사회학 등의 다양한 각도에서 조명을 해 보고 오늘 이 한국사회에서 자살이 무엇을 의미하고 교회적 울타리 안에서 우리는 어떻게 이해해야 할지를 생각해 보아야 할 것이다. 그리고 이러한 자살에 대한 의미를 일선 목회자들에게 교육하고 평신도들과 특히 유가족들에게 전해야 하는 일들이 필요할 것이다.

특히 강조하고 싶은 것은 생명존중의 사상이 우리에게 필요하다는 것이다. 현재 자살이 급증하는 원인에는 자살도 삶의 한 선택으로 생각하는 현대사회의 아노미 상태와 생명 자체에 대한 외경심의 상실이 큰 부분을 차지하고 있다. 특히 삶의 가장 중요한 기준이 되어버린 경제중심주의의 사고는 절대적 가치인 생명 자체도 상대적으로 만들어 버렸다. 이러한 상황 속에서 교회의 강단 역시 이러한 가치관에서 멀리 있지 못하다는 사실이 문제라고 본다. 목적 중심의 사고들이 가져다주는 위험은 오늘도 그 강단 아래에 있는 성도들에게 잘못된 가치관을 심어 줄 수 있기 때문이다.

최근에 자주 나타나고 있는 '순교적 각오'나 '죽을 각오'를 가지고 하겠다는 표현들은 결국 성도들에게 생명 문제에 있어서 가벼운 자세를 만들기 때문에 피해야 할 부분들이라고 본다. 어떠한 문제의 해결이나 어떠한 목적을 위해 목숨을 걸겠다는 자세는 적극적으로 보일지 모르나 그러한 것들과 연관되어지는 생명이라는 가치에 대해서 생각하지 못하는 어리석음이라고 본다. 혹 그러한 태도가 우리의 인생에서 실패를 맞이할 때 살아야 할 의미를 잃게 만들 수도 있기 때문이다. 바로 이러한 작은 변화들을 통해 우리가 한 생명, 한 생명을 살리겠다는 의식을 갖는 것이 중요하다고 본다.

둘째, 성인교육을 통한 건강한 자의식과 바른 세계관의 강화를 들고 싶다. 이미 통계에서 볼 수 있는 바와 같이 자살자들의 대부분을 차지하는 것은 장년층이다. 특히 30대와 40대의 남성들에서 나타나는 자살은 경제중심주의적인 사고에 의한 결과라고 볼 수 있다. 이 시기의 남성들은 자신을 이해하는데 있어서 경제적 기준을 가지고 있다. 즉 연봉 얼마와 회사에서의 직책 등이 그들이 자신을 쉽게 이해하는 척도이다. 그런데 만약 이들이 직장에서 어려움을 겪거나 경제적인 위기를 겪게 되면 이러한 이해의 기준을 잃게 되는 것이다. 더군다나 젊었을 때에는 그냥 사회적 성공만을 향해 달려오다가 이 시기쯤에 이르면 인생을 돌아보게 되는데 그곳에서 자신을 발견하지 못하게 되는 것이 대부분이다. 그러다 퇴출된 인생을 맞이하게 될 때에 심각한 존재에의 불안을 겪게 되는 것이다.

특히 요즘과 같이 고성장 시대에서 저성장 시대로 옮겨 가고 있는 시기에 가장으로서 산다는 것의 어려움은 이들을 삶에서 몰아내고 있는 형편이다. 더군다나 다원화 사회로 이동하면서 나타나는 아노미 현상도 이를 수용할 수 있는 여건을 형성하지 못한 이 시기의 남자들에게는 심각한 정신적 타격이 될 수 있다. 즉 한 가지 목표를 향하여서만 달려왔고 다른 가능성을 가지지 못한 이 시기 남성들의 특징을 생각해 볼 때 이것은 심각한 결과를 가져 올 수 있다는 것이다. 따라서 이들에게 적절한 성인교육적 봉사가 필요하다. 물론 이 시기의 남성만이 이러한 것들이 필요한 것은 아니지만 이 시기의 남성들이 자신을 내어 놓고 남들과 함께 고민할 수 있는 여건이 없기 때문에 이들에게 초점을 맞출 필요가 있다는 것이다. 자신의 인생을 말로 표현하고 그릴 수 있는, 그리고 사회적 자아에서 일상의 현실 안으로 연착륙할 수 있도록 도울 수 있는 그런 프로그램이 절실히 필요하다.

셋째, 공동체 의식의 고양이다. 최근 우리 사회에서는 가정이 급격하게 무너지고 있다. 대가족에서 핵가족으로 넘어온 것이 얼마 되지 않은 것 같은데 이제는 그나마도 홀부모 가정이나 일인가구들이 늘어나고 있다. 이러한 영향은 현재 노년층의 자살이 늘어나는데 중요한 이유가 되고 있고 다른 연령층에도 비슷한 영향을 미치고 있다고 볼 수 있다. 특히 우리 사회의 경우 유교적 바탕 위에서 가족이 사회의 가장 기본적인 전형이라고 볼 수 있는데 이러한 급격한 가정의 몰락은 뒤르케임이 이야기하는 공동체로부터의 이완을 불러오고 그것은 결국 아노미로 연결되어지게 된다고 볼 수 있다. 여기서 교회의 가능성을 보아야한다. 과거 산업화시기에 도시로 밀려온 이농민들을 구역과 같은 대체 가족의 형태로 모을 수 있었던 바와 같이 이제 다시 한번 교회는 혼돈 가운데 있는 현대인들을 모아 또 다른 공동체를 형성해야 한다. 그것은 이전과 같이 한 교회당 안에서 모이게 되는 집단체로서의 의미가 아니라 삶의 교류와 친밀함이 살아있는 소공동체의 형태가 가능할 것이다. 이로써 무너진 가정으로 인해서 공동체를 잃어버린 현대인들에게 새로운 가족의 형태로 다가가야 할 것이다. 그것이 이 시대에 자살의 위기에 내어 몰리는 사람들에게 마지막 삶의 보루 역할을 감당하게 될 것이다. 이에 대해서는 다음 장에서 자세하게 다룰 것이다.

넷째, 좀 더 구체적으로 이러한 것들을 실현하고 추진해 나가기 위한 교단적 차원이나 범 교회적인 차원에서의 대책기관을 설립해야 할 것이다. 이 분야에 있어서 학자들과 전문가들이 참여하여 현장을 연결할 수 있는 연구의 폭을 넓히도록 하고 동시에 실천 가능한 대책들을 내어 놓을 수 있는 여건들을 마련하면 좋을 것이다. 그리고 그러한 것들이 개 교회 현장에서나 한국교회적 차원에서 선언적이면서도 실천적일 수 있도록 설득력을 갖추어야 할 것이다. 특히 선언적이라고 할 때에 그것은 성서적 윤리적 차원에서 생명윤리에 관한 선언이나 강령 같은 규범을 만들어 주는 것이다. 일례로 보건복지부와 한국자살예방협회는 '생명지키기 7대 선언'이라는 것을 만들어 자살예방 운동에 있어서 하나의 기준을 또 동시에 자살예방에 힘쓰는 사람들에게 설득력을 갖출 수 있는 근거를 마련해 주었다. 이것을 구체적으로 소개해 보면 다음과 같다.

1. 생명은 그 자체로서 존엄하며 최우선의 가치로 존중되어야 한다.
2. 생명에 대한 위협은 원칙적으로 허용될 수 없다.
3. 자살은 어떤 이유로도 미화되거나 정당화하여서는 안된다.
4. 자신과 타인의 생명을 침해하는 것을 문제 해결의 수단으로 삼아서는 안 된다.
5. 모든 사람은 최선을 다하여 자신과 타인의 생명을 구하여야 한다.
6. 개인과 사회는 자살을 예방하기 위해 모든 노력을 다 하여야 한다.
7. 정보는 생명존중사회를 구현하기 위한 정책을 최우선적으로 시행하여야 한다.

이러한 선언은 사람들에게 생명에의 경외심을 일깨우고 동시에 우리가 살아야 할 근원적인 이유를 만들어 주고 있다고 볼 수 있다. 이러한 기준들은 아마 계속적으로 이러한 분야에 근간이 될 수 있을 것이다. 또 실천적이라고 할 수 있는 것은 한국자살예방협회가 내어 놓은 '자살예방 전문가가 권고하는 언론의 자살 보도기준'이라는 것도 있다. 이에 대하여는 부록의 자료 1을 참고하기 바란다.

자살에 대한 언론의 보도가 모방자살을 유발하게 된다는 사실은 앞에서도 살펴보았다. 이와 같은 영향력이 있는 언론의 보도에 대해서 자살예방협회는 언론보도 권고사항을 만들어 언론의 윤리적 기준을 만들어 주었고 이것은 2004년 당시 꽤 주목을 받고 실행에 옮겨진 것으로 알고 있다. 자살에 대한 기관들의 활동은 이와 같이 큰 틀 안에서 지침을 마련해 주기도 하고 사람들의 경각심을 이끌어 내기도 하고 더 나아가서는 효과적인 연합활동을 만들어 줄 수 있을 것으로 생각된다.

만약 한국교회나 교단에서 이러한 기구들이 생긴다면 실제적으로 자살에 대한 이해를 새롭게 한다든지 아니면 언론보도에 대한 권고사항과 같이 설교에 대한 권고사항을 마련해 보는 것도 의미가 있을 것으로 본다. 현재 자살에 대해서 각 개교회의 목회자들이 설교 중 언급을 하고 있지만 제대로 된 이해 가운데 행해지는 것이 아니라 전해 들은 상식선에서 설교를 행하고 있는 것으로 알고 있다. 설교가 우리 성도들에게 미치는 영향을 생각해 본다면 목회자들의 설교 한마디가 그 가운데 앉아 있을 수 있는 자살 예상자들이나 가족 가운데 자살로 인해 삶을 놓은 자가 있는 유가족들에게 얼마나 큰 영향력을 끼칠 수 있는지 알 수 있을 것이다. 그럼에도 불구하고 현재는 아무런 대책이 없는 상황이기 때문에 이러한 기구의 출현이 긴급한 상황이라고 할 수 있다.

다섯째로 이러한 큰 규모의 대책기구와 함께 지역차원에서 노회나 지방회, 또는 지역교회협의회 수준에서도 실제적인 기구들이 필요하다. 여기서는 일반 성도들을 위해서 생명이나 인생의 의미에 대해서 교육이 행해질 수 있고 인생의 고비를 맞이하거나 자살의 위험에 노출된 사람들이 인도되어 상담이 행해질 수 있어야 한다. 대형교회들의 경우들은 대부분 훌륭한 교육시스템과 상담 전문가들이 갖추어져 있지만 중, 소형의 교회들은 그러한 구조를 갖추기가 어렵다. 이것은 한국교회 교인 대부분이 중, 소형 교회를 다니고 있는 현재의 형편에서 대부분의 교인들이 어려운 형편 속에서 찾을 수 있는 교육이나 상담의 서비스가 제공되지 못한다는 것을 의미한다. 따라서 각 교회들이 개 교회 이기주의를 벗고 전문기관과 연결되어질 수 있도록 가까운 곳에 연합적인 의미의 교육과 상담의 기구를 설치해 놓아야 할 것이다. 실제적으로 자살의 위험에 있는 사람들이 담임 목회자나 주변의 교인들에게 꺼내 놓기에 어려운 문제들을 내어 놓기에는 이러한 기구들이 훨씬 효과적일 수 있다.

심각한 자살의 현황 속에서 몇 가지 교회가 대처할 수 있는 방안을 제안해 보았다. 우리가 생각을 바꾸어야 할 것들도 있고, 개념을 명확히

해야 할 것들도 있다. 그리고 제도적으로 보완하고 챙겨야 할 부분들도 있다. 그러나 무엇보다도 교회에서 자살의 문제에 대해서 죽으면 어떻게 된다는 식의 위협보다는 생명에 대한 경외심을 심어 주어 하나님의 특별한 섭리 가운데 창조된 자신들을 발견하게 하고 천하보다도 귀한 자신을 그리스도 안에서 깨닫게 하는 일들이 중요하다고 본다. 그것이 이 자살의 문제에 근본적인 해결책이 될 것이다.

◈ 자살에 관한 자료를 얻을 수 있는 기관들

- 기독교자살예방센터(http://www.lifehope.or.kr)
- 중앙자살예방센터(http://www.spckorea.or.kr)
- 한국자살예방협회(http://www.suicideprevention.or.kr)
- 수원시자살예방센터(http://www.csp.or.kr)
- 한국생명의전화(http://www.lifeline.or.kr)

◈ 참고할 만한 도서

- 김기현, 『자살은 죄인가요?』(서울: 죠이선교회, 2010)
- 곽혜원, 『자살문제, 어떻게 할 것인가?』(서울: 21세기 교회와 신학포럼, 2011)
- 에밀 뒤르켐, 『자살론』, 김충선 옮김(서울: 청아출판사, 1994)
- 케이 레드필드 재미슨, 『자살의 이해』, 이문희 옮김(서울: 뿌리와 이파리, 2004)
- 이진홍, 『자살』(파주: 살림출판사, 2006)

◆ 24시간 전화 상담

· 자살예방핫라인 1577-0199
· 희망의전화 129
· 생명의전화 1588-9191
· 청소년전화 1388

2. 또 하나의 제안

작은 모임의 활성화를 통해 결속감을 키워야

자살은 명백히 성경의 정신에 위배되는 것이다. 그러나 다른 모든 범죄와 같이 자살 역시 당위론만으로는 예방이 되지 않는다. 자살을 예방하기 위해서는 앞에서 지적한 바와 같이, 목회자가 설교를 통하여 자살 문제에 대해 직간접으로 언급을 하여 개신교인으로서 올바른 인식을 갖도록 도와줄 필요가 있고, 자살 예방을 위한 캠페인과 특강 또는 프로그램을 실시해야 하며, 여건이 된다면 전문 상담자를 상근시키는 것도 좋은 방법이 될 것이다.

정신의학에서는 자살에는 징후가 있음을 강조하며, 주위 사람들에게 자살 징후가 나타나는지 각별한 주의를 갖고 살펴보아야 한다고 한다. 또한 우울증이나 스트레스 측정을 통해 자살 기도 여부를 예견해 보려고 노력하기도 한다(3. 도움이 될 만한 자료 참고). 물론 모두 자살 예방에 도움이 되는 사항들이다. 그러나 우울증이나 스트레스가 심하다고 하여 모두 자살하는 것은 아니며, 주위의 모든 사람들을 잠재적 자살 기도자로 취급하여 감시를 하기도 어렵다. 따라서 우리는 보다 근본적인 차원의 대책을 강구할 필요가 있다.

앞의 여러 글에서 언급했듯이, 사회학에서는 자살과 사회 통합 사이에 상관관계가 있다고 본다. 표면상으로는 우울증이나 여러 가지 심리적인 요인이 원인이 되는 것으로 보이지만, 깊이 들여다보면 결국 근원적으로는 사회 통합의 약화나 결여가 자살의 핵심 요인으로 자리 잡고 있는 것이다. 비유하자면, 암이나 뇌졸중과 같은 중병에 걸린 환자가 사망하는 경우에 사망의 직접적인 원인은 사망 직전에 발생한 합병증 등으로 표현되지만, 근본적으로는 암 때문에 사망한 것과 같은 이치이다.

자살을 하는 사람들은 대부분 주위 사람들로부터 고립되고 자기 절망감에 빠진 사람들이다. 어떤 집단에 강한 소속감을 느끼며 그 안에서 자신이 수용되고 있고 다른 사람들로부터 중요한 존재로 존중을 받는 사람이라면 자살할 가능성은 극히 낮을 것이다. 우리가 심층면접한 사람들은 자신의 마음을 털어놓고 대화를 나눌 수 있는 친구가 주위에 없었음을 고백하고 있다.

현대 사회에서 증가하는 일시성과 삶의 파편화는 자연스럽게 일어나는 지원 체계들의 출현을 침식하고 있다. 따라서 과거와 같은 친족 및 지역 공동체가 해체된 현대 사회에서 사람들은 정서를 공유하는 공동체 모임 안에서 심리적 안정을 추구한다. 앞의 조사에서도 나왔듯이, 교회에 다니는 개신교인조차도 외로움과 고독 때문에 자살 계획을 세웠다면 현대인에게 심리적인 문제가 얼마나 중요한지 새삼 생각해 보게 한다. 특히, 이번 조사에서 자살 계획의 경험이 있는 사람들 중 두 배 가량이 여전히 자아 존중감이 없다고 답했다는 것은 시급한 대책을 요하는 대목이다. 그렇다면 교회 안에서 자아 존중감은 어떻게 계발될 수 있는가?

현대 교회의 문제는 교회 자체가 제도화됨에 따라 관료제화되는 특성을 나타내게 되고, 이에 따라 교회 안에서조차 인격적인 인간 관계를 갖기가 어렵다는 점이다. 특히 우리나라의 서울 및 수도권의 교회들은 갈수록 대형화되는 추세에 따라 이러한 문제가 더욱 심화되고 있는 실정이다. 여기서 교회 구성원들에게 소속감을 부여하고 교회 안에서 존중

받고 있다는 자아 존중감을 갖게 하기 위해서는 교회가 공동체성을 갖도록 해야 한다. 그런데 이 공동체성이란 대집단에서는 확보되기 어려운 것이므로 교회 안에서 운영되고 있는 다양한 형태의 소그룹을 활성화시킬 필요가 있다.

이러한 소그룹은 사람들의 일상의 일과 관련된 접촉이나 이웃과의 접촉과 관계가 없기 때문에 심리적인 문제의 효과 있는 해결책이 될 수 있다. 소그룹에서의 경험은 심리적으로 고립되어 '군중 속의 고독'으로 표현되는 현대인의 일상생활에서는 경험할 수 없는 것이기 때문이다. 소그룹이 사람들의 유일한 공동체라고는 할 수 없겠지만, 그럼에도 소그룹은 직장과 이웃과 친족 안에서도 발견될 수 없는 심리와 정서 지원을 제공함으로써 매우 실제적인 도움을 준다.

산후 우울증으로 고생하며 자살에 대한 강한 충동을 느낀 한 주부는 자살 충동을 극복하는 데에 가장 큰 도움이 된 것이 무엇이냐는 물음에 "구역장의 심방"이라고 응답했다. 자신이 육체적으로나 정신적으로 너무 지쳐 있어서 교회에 출석하기도 어려웠으나 구역장이 5년 동안 심방을 하면서 자신의 어려움을 들어주며 기도해 준 것이 가장 큰 도움이 되었다고 말하였다.

실제로 필자가 몇 년 전에 교회 소그룹과 관련하여 실시한 통계조사에서는 소그룹에 적극 참여하는 사람일수록 사사로운 고민을 얘기할 수 있는 친구를 교회 안에서 많이 가지고 있는 것으로 나타났고, 이에 따라 소그룹 활동을 소극적으로 하는 사람들에 비해 외로움이나 우울증의 문제로부터 자유로운 것으로 나타났다. 소그룹을 통해 형성된 폭넓고 깊이 있는 인간 관계를 가지고 있는 사람들은 외로움을 잘 느끼지 않으며, 소그룹 활동을 통한 심리 치료의 효과는 우울증에 걸릴 가능성도 줄여 주는 것으로 나타난 것이다.

따라서 교회 안에서 운영되고 있는 여러 소그룹들을 활성화시켜서 교회의 공동체성을 회복하고 교회 구성원들에게 결속감을 강화시킬 필요가 있다. 이번 조사에서는 개신교인의 평균 교회 모임 횟수는 일주일 평균 2.8회로 나타났고, 소그룹 모임에도 평균 1.2회 참여하고 있는 것으로 나타났다. 그리고 소그룹 모임 횟수가 잦을수록 교회에서 존중받고 있다고 생각하는 비율이 높은 것으로 나타났다. 그러나 소그룹에 참여하는 사람들은 대개 연령층이 높고 직분으로는 장로나 권사인 사람들이 많았다. 따라서 보다 젊고 직분이 낮은 사람들을 어떻게 교회의 다양한 모임으로 이끌 것인가에 대한 대책이 강구되어야 할 것이다.

삶의 의미를 일깨워 주는 교회의 역할

오늘날에는 종교가 권위를 상실하고 사람들은 더 이상 종교의 가르침에 귀를 기울이지 않을 것이라고 생각한다. 그러나 현대 사회에서도 교회는 사제로서의 기능과 예언자로서의 기능을 감당함으로써 사회 구성원들에게 도움을 줄 수 있다. 사제로서의 기능이란 예배와 같은 의식을 통해 사람들에게 삶의 의미를 부여하고 소속감과 일체감을 심어줌으로써 하루하루를 의미 있게 살아가게 하는 것을 의미한다.

한국교회는 현대 한국인이 고단한 생활 속에서도 삶의 의미를 찾을 수 있도록 도와줘야 한다. 통계청의 조사 결과에서 보듯이, 요즘 경제적인 이유로 자살을 하는 사람들이 가장 많지만, 사실은 그들이 먹고 살 게 없어서 자살을 하는 게 아니다. 자신의 경제적인 처지가 바뀐 것에 대해서 수용을 하지 못하고, 고난에 처했음에도 불구하고 삶을 포기하지 말아야 한다는 규범을 갖지 못했기 때문에 스스로 생명을 끊는 것이다.

또한 최근에는 연예인들의 자살과 이에 따른 모방 자살들이 일어나기도 하는데, 표면상으로는 안티팬들의 악플이나 이로 인한 심리적 압박 또는 우울증 등이 자살 원인으로 얘기되곤 한다. 그러나 이러한 자살 역시 결국 진정한 삶의 의미를 깨닫지 못하고 규범과 결속 등의 사회 통합이 약화되어 일어난 결과로 보아야 한다. 연예인들은 흔히 인기와 성공에 집착하게 되는데, 그것이 삶의 이유라면 그것이 사라질 때 삶의 의미 역시 사라지게 되는 것이다. 특히 최근에 자살로 숨진 연예인들이 대부분 기독교인들이라는 것은 이에 대한 교회의 책임을 더 무겁게 하고 있다. 삶의 올바른 의미를 제공하는 것은 종교의 중요한 역할이므로 교회가 이를 위하여 더 노력해야 할 것이다.

또한 현존하는 세속 가치관에 매몰되지 않고 사회에 대하여 성경의 가르침을 외치고 이를 실천하는 것이 예언자의 기능이다. 해마다 수능일이 되면 수험생이 목숨을 끊었다는 보도가 나오곤 한다. 교회에서 흔히 머리가 되게 하고 꼬리가 되지 말게 해 달라고 기도를 하는데, 이것은 사회에서의 성공에 대한 잘못된 이해일 뿐만 아니라 현실적으로 기독교인들만 모두 머리가 될 수도 없다. 수험생들이 모두 이런 기도를 받았다면 오히려 상당한 부담과 정신적인 고통을 느꼈을지도 모른다.

교회는 사회에서 성공하고 최고가 되라고 가르치기보다 힘들고 어려운 여건에서도 하나님의 영광을 위하여 산다는 것이 어떤 것인지를 가르쳐야 한다. 뿐만 아니라 나보다 더 어려운 이웃을 도울 수 있고 약한 사람을 배려할 수 있도록 가르쳐야 한다. 그럴 때에 한국교회는 진정한 의미의 공동체라 할 수 있을 것이고, 교회 구성원 또한 건강한 시민으로서 현대 사회에 기여하게 될 것이다.

3. 도움이 될 만한 자료

1. 2008년 10월 『그들의 자살, 그리고 우리』 출판기념 세미나를 기해서, 필자들이 속해 있는 목회사회학연구소를 중심으로 기독교윤리실천운동, 수원시자살예방센터, 연세대학교의료원 원목실, 한국기독교목회자협의회, 한국기독교사회복지협의회, 한국실천신학회 등이 연합하여 자살에 대한 설교지침을 발표했다. 설교 가운데 이러한 부분들을 피하고, 언급하게 된다면 생명의 설교가 될 것이다.

자살에 관한 설교 지침

1) 자살에 대해서 단정적으로 말하지 않는다.

자살이 이루어지는 것은 사회적, 심리적, 환경적, 개인적 요소 등이 복합적으로 작용한 결과이다. 그것을 신앙 하나로 단정하여 말하는 것은 자살 예방에 도움이 되지 않는다. 즉 믿음이 없어서 자살했다거나 교회가 잘못해서 그렇다고 단정적으로 말하는 것은 자살에 대해 잘못된 오해를 가져올 수도 있고, 자살의 위험 가운데 있는 사람들에게도 더 심한 우울증을 줄 수 있다.

2) 유가족에 대한 배려가 필요하다.

최근 자살로 사망하는 자들이 크게 늘었다. 이는 그만큼 많은 유가족들이 남게 되었다는 것을 의미한다. 설교 중에 이들에 대한 배려가 필요하다. 특히 자살한 사람들을 지칭하면서 '가족이 어떻게 했길래 죽기까지 했느냐'는 언급은 남은 자들을 더욱 힘들게 하는 말이다. 안 그래도 가족의 죽음으로 죄책감을 갖게 될 텐데 그들을 배려하지 못한다면 또 다른 우울증 환자와 자살 예비자를 양산하게 될 것이다. 특히 교회 내에서 자살자를 언급하는 것은 피해야 하고, 그 유가족이 노출되지 않도록 노력해야 한다.

3) 자살의 방법이나 장소, 자살의 경위는 상세히 묘사하지 않는다.

특히 자살의 방법을 언급하는 것은 모방자살을 유발할 수 있으므로 피해야 하며, 같은 의미에서 자살의 장소나 경위 등에 대해서 자세히 언급하는 것은 피해야 한다.

4) 유명인의 자살을 미화하거나 영웅시하지 않는다.

유명인의 자살을 언급하면서 그들의 자살을 정당화해서도 안 되고, 더군다나 미화하거나 영웅적 결단으로 설명해서도 안 된다. 그들의 죽음도 동일하게 오늘 하루 자살로 죽을 수 있는 평균 33인의 한 명이며, 작년에 자살로 죽은 14,427명 중에 한 명일 뿐이다.

5) 자살을 고통 해결의 방법으로 설명해서는 안 된다.

자살자에 대한 동정심으로 자살을 어떤 한 문제의 결과로 설명할 수 있다. 그러나 그러한 언급은 자살에 대한 현실성을 외면하는 결과를 낳을 수 있다. 자살은 남겨진 문제들의 시작일 뿐이다.

6) 흥미중심이나 흥미로운 예화로 사용하지 않는다.

혹 설교에 사람들의 관심을 끌어들이고자, 또는 세태의 문제를 지적하고자 자살의 문제를 자극적으로 언급하는 경우들을 경계해야 한다.

자살방지를 위해 언급해야 할 것들

1) 생명의 소중함을 강조한다.

성경에서 보여 주고 있는 생명의 강조점들을 언급하고 그것을 자살의 문제와 연결지어 설명한다. 특히 생명이 그 주인이신 하나님께 있음을 확실히 한다. 나의 생명이라도 그 행위는 이미 생명을 죽이는 살인행위임을 명확히 한다. 더구나 우리 안에 있는 하나님의 형상을 생각할 때 자살은 신에 대한 반역이다. 또한 생명을 쉽게 대하는 언어적 태도도 피한다.

2) 자살의 사회적 심각성을 강조한다.

현재 한국사회의 자살의 심각성을 언급하며 경각심을 갖도록 한다.

3) 어려움이 있을 때 상담할 수 있는 가능성을 소개한다.

교회와 동역하고 있는 상담소나 상담전화 등을 소개하고 주보에 기재
하여 필요할 때 찾을 수 있도록 한다.

4) 자살의 현실을 설명한다.

자살로 모든 것이 끝나는 것이 아니라 남은 유족들의 아픔이 있고 해결
되지 않은 문제들이 남아 있음을 알린다. 특히 자살은 이기적인 선택임을
표현한다.

5) 자살 징후들을 소개한다.

자살의 징후들을 소개하여 주변에 자살의 위험에 있는 사람들을 발견하
고 돕는다.

6) 자살 위기에 처한 사람들을 도울 수 있는 방법을 소개한다.

자살 위기에 처한 사람들을 도울 수 있는 구체적인 방법들을 교육한다.

7) 우울증을 영적 문제가 아닌 정신보건의 문제로 소개하고 치료를 권한다.

우울증을 객관적으로 설명하고 이에 대한 대처를 어떻게 해야 하며 치료할 수 있는지를 소개한다. 특히 우울증을 영적 문제로 보지 않도록 하고 치료해야 할 질병임을 확실히 한다.

2. 자살자를 위한 장례 예식

한국사회에서 자살은 간과할 수 없는 사회적 문제이며, 우리 주위에서 가까이 일어나는 삶의 문제라고 할 수 있다. 이에 사회학, 심리학, 의학 등 다양한 분야에서 관심과 연구를 지속하고 있다. 그러나 삶과 죽음의 문제에 대해 종교계와 기독교 신학은 상대적으로 교리적 해석이나 전통 등의 이유로 자살자와 자살자 유가족을 위한 예방 활동과 장례 예식 등에 대한 어려움을 갖게 되었다. 위로받아야 할 자살자 유가족들을 교리적인 이유로 정죄하며 그들의 고통을 가중시키거나, 무관심 속에서 결과적으로 자살자와 그 유가족을 방치할 뿐 아니라 그들의 생의 위기에 대응하는 목회적 가능성 자체를 차단하는 결과를 가져왔다. 목회적 차원에서 자살자 가족도 가족을 잃은 슬픔을 지닌, 위로받아야 할 대상자라는 인식이 필요하다. 그리고 기독교적인 장례 예식을 통해 가족을 보내는 의례(ritual)가 필요하다. 죽음은 종교에서 가장 중요하게 다루어지는 주제 중 하나이며, 죽음이 자살이라는 형식을 취한다면 보다 복잡한 신학적 논의를 필요로 한다. 생을 마감하는 방법이 자살일 경우에 이에 반응하는 교회는 늘 불편하고 애매한 입장을 취해 왔다. 자살을 사회적 현상이나 개인의 정신적 질병으로 볼 것인지, 아니면 자신의 몸에 대한 살인이라는 범죄로 볼 것인지에 따라 극단적인 입장을 취해 온 것이다. 이는 자살자 유가족들에게 사랑하는 가족을 잃은 슬픔과 더불어 죄의식과 수치심을 그들의 삶에 깊이 각인시키게 되었다. 본 연구는 신학적 논쟁보다는 자살이라고 하는 죽음의 특수성을 고려한 가족들을 위한 의례의 개발이라는 차원에서 자살자를 위한 장례 예식 모범을 제시한 것이다. 앞으로도 신학적이고 실천적인 논의들이 지속적으로 진행되기를 소망한다.

【 타 종 / 장례식사 】　　　타종과 함께 성령의 임재를 기원　　　　인도자

【 기도송 / 조용한 기도 】

　　인도자가 조용히 기도를 하거나, 다함께 기도송을 부른다.
　　* Jesus, remember me / 주여 주 예수여 저를 기억해 주소서
　　　　　　　　　　　　　　주여 주 예수여 당신나라 임하실 때
　　* 피난처 있으니(새 70장 / 통 79장)

【 초대의 말씀 】

　　〈인도자〉 : 이 시간 우리의 마음을 온전히 주님께 드립시다.
　　〈다함께〉 : *주님은 거룩한 자비로 우리를 용서하시는 하나님이십니다.
　　　　　　　*주님은 창조의 은총으로 우리를 구원해 주시는 하나님이십
　　　　　　　니다. 거룩하신 하나님께 감사합니다.

【 주님의 기도 / 영창 】　　　　　　새 636장 / 통 548장　　　　　**다함께**

【 말씀 선포를 위한 기도 】　　　　　　　　　　　　　　　　　　**다함께**

하나님, 우리의 마음밭에 뿌려질 당신의 말씀을 사모합니다.

우리의 마음과 정신을 맑게 하시어 주의 말씀을 경청하게 하소서.

【 찬 양 】　　　　주를 찬미하나이다(Confitemini Domino)　　　　**다함께**

　　　　　　　　　주님 우리의 마음을 여시어(새 637장)

【 시편 교독 또는 낭독 】

시 46편 1-3절

1. 하나님은 우리의 피난처시요 힘이시니 환난 중에 만날 큰 도움이시라

2. 그러므로 땅이 변하든지 산이 흔들려 바다 가운데에 빠지든지

3. 바닷물이 솟아나고 뛰놀든지 그것이 넘침으로 산이 흔들릴지라도 우리는

두려워하지 아니하리로다 (셀라)

시 136편 1-9

1. 여호와께 감사하라 그는 선하시며 그 인자하심이 영원함이로다

2. 신들 중에 뛰어난 하나님께 감사하라 그 인자하심이 영원함이로다

3. 주들 중에 뛰어난 주께 감사하라 그 인자하심이 영원함이로다

4. 홀로 큰 기이한 일들을 행하시는 이에게 감사하라 그 인자하심이 영원함이

로다

5. 지혜로 하늘을 지으신 이에게 감사하라 그 인자하심이 영원함이로다

6. 땅을 물 위에 펴신 이에게 감사하라 그 인자하심이 영원함이로다

7. 큰 빛들을 지으신 이에게 감사하라 그 인자하심이 영원함이로다

8. 해로 낮을 주관하게 하신 이에게 감사하라 그 인자하심이 영원함이로다

9. 달과 별들로 밤을 주관하게 하신 이에게 감사하라 그 인자하심이 영원함이로다

【 복음서 낭독 】　　　　다음 구절 중 하나 선택

(마 5:4) 애통하는 자는 복이 있나니 그들이 위로를 받을 것임이요

(마 11:28) 수고하고 무거운 짐 진 자들아 다 내게로 오라 내가 너희를 쉬게 하리라

(요 11:25-26) 예수께서 이르시되 나는 부활이요 생명이니 나를 믿는 자는 죽어도 살겠고 무릇 살아서 나를 믿는 자는 영원히 죽지 아니하리니 이것을 네가 믿느냐

(요 14:27) 평안을 너희에게 끼치노니 곧 나의 평안을 너희에게 주노라 내가 너희에게 주는 것은 세상이 주는 것과 같지 아니하니라 너희는 마음에 근심하지도 말고 두려워하지도 말라

【 설 교 】　　　　　　　　　　　　　　　인도자 및 설교자

【 묵 상 】　　　　　　　　　　　　　　　　　다함께

【 고인의 삶에 대한 회상 】　　　　　　　　　유가족 중 한 명

【 찬 양 】　　　　오 주님(O Christe Domine Jesu)

나 주님을 사랑합니다(새 618장)

【 중보 기도 】

고인을 위해 드리고자 하는 기도를 중보 기도의 형식으로 드리는 시간.
간단한 두 문장 정도의 기도를 각각 드린다.

【 축도와 파송 】

평안과 소망 중에 나아가십시오. 그리스도께서 은혜로 우리를 지키시고, 하
나님의 사랑으로 감싸 주시며, 성령께서 지금부터 영원까지 보호해 주시기를
간절히 축원합니다. 아멘.

[장례 기도문]

생각과 판단이 저희와 같지 않으시고, 모든 일에 합력하여 선한 열매를 맺게 하시
는 주님! 지금 어려운 일을 당하여 깊은 슬픔 가운데 있는 이들을 보혜사 성령으
로 위로해 주옵소서. 죽어도 산다고 하는 부활의 믿음을 주셔서, 절망할 수밖에
없는 환경 중에 있지만 그것을 극복하게 하시고 담대한 생활, 산 자의 삶을 감당
하게 하옵소서.
서로의 아픔을 모르고 기도하지 못했던 우리의 죄를 회개합니다. 우리의 회개의
마음을 받으시고, 진실된 사귐과 사랑의 공동체가 될 수 있도록 인도하여 주시옵
소서. 특별히 사랑하는 이를 갑작스럽게 주님의 나라로 보내고 가슴 아파하는 이
들에게 다시 만날 수 있다는 소망을 분명히 하시고, 영원한 하나님 나라의 소망을

잃지 않도록 하옵소서. 천국의 소망을 십자가와 부활 승리로 보여 주신 예수 그리스도의 이름으로 기도합니다.

[장례 절차 및 과정]

자살자의 장례식의 경우는 복잡한 사고조사뿐만 아니라 갑작스러운 사고의 충격으로 인해 유가족의 아픔이 더욱 크며, 당황스럽게 진행되는 경우가 많다. 이에 교회는 어려움을 당한 유가족들을 충분히 위로하며, 더욱 큰 관심과 사랑으로 협력할 수 있도록 배려하여야 한다.

예배의 경우에는 가족들이 부탁하기가 어려운 만큼 교회에서 먼저 유가족들의 상황을 배려하여 예배를 진행하도록 하며, 장례 설교와 기도를 통해서 조심스럽게 유가족을 위로하고, 지혜롭게 진행하는 것이 필요하다.

자살자의 대부분은 화장을 하기에, 화장예식도 간단하게 진행하며, 추도일을 교회적으로 기억하여 위로하는 것도 유가족들에게 많은 도움이 될 수 있다.

3. 한국자살예방협회에서 2004년 7월 한국기자협회와 함께 공동으로 펴낸 '자살예방가가 권고하는 언론의 자살 보도기준'을 일부 발췌하여 싣는다. 이 권고기준을 살펴보면 자살을 이해하는 데 도움이 될 수 있다. 그러나 더 중요한 것은 설교자들이 이러한 기준을 숙지하고 자살에 대해서 설교하는 것이 필요하다고 본다.

자살 보도 권고 기준

　언론은 자살에 대한 보도에서 매우 신중해야 합니다. 언론의 자살 보도 방식은 자살에 영향을 미칩니다. 자살 의도를 가진 사람 모두가 이를 실행에 옮기는 것은 아니지만, 자살 보도가 그 계기가 될 수 있기 때문입니다. 더 나아가 자살 보도는 사람들이 삶의 어려움을 극복하기 위한 한 방법으로 자살을 고려하게 만들 수 있습니다. 자살이 언론의 정당한 보도 대상이지만, 언론은 자살 보도가 청소년을 비롯한 공중에게 미치는 영향에 대해 충분한 예민성과 책임감을 가져야 합니다. 우리는 언론인들이 자살에 대한 보도에서 아래의 권고기준을 지켜 주실 것을 권고합니다.

1. 언론은 자살 보도에서 자살자와 그 유족의 사생활이 침해되지 않도록 주의를 기울여야 합니다. 중요한 인물의 자살과 같은 공공의 정당한 관심의 대상이 되는 사건이 아닌 경우에는 자살에 대한 보도를 자제해야 합니다.

2. 언론은 자살자의 이름과 사진, 자살 장소 및 자살 방법, 자살까지의 자세한 경위를 묘사하지 않아야 합니다. 다만 사회적으로 중요한 인물의 자살 등과 같이 공공의 정당한 관심의 대상이 될 수 있는 경우에 그러한 묘사가 사건을 이해하는 데 필요한 경우는 예외입니다.

3. 언론은 충분하지 않은 정보로 자살 동기를 판단하는 보도를 하거나, 자살 동기를 단정적으로 보도해서는 안 됩니다.

4. 언론은 자살을 영웅시 혹은 미화하거나 삶의 고통을 해결하는 방법으로 오해하도록 보도해서는 곤란합니다.

5. 언론이 자살 현상에 대해 보도할 때에는 확실한 자료와 출처를 인용하며, 통계 수치는 주의 깊고 정확하게 해석해야 하고, 충분한 근거 없이 일반화하지 말아야 합니다.

6. 언론은 자살 사건의 보도 여부, 편집, 보도 방식과 보도 내용은 유일하게 저널리즘의 기본 원칙에 입각해서 결정하며, 흥미를 유발하거나 속보 및 특종 경쟁의 수단으로 자살 사건을 다루어서는 안 됩니다.

실천 세부 내용

【1】 자살은 전염된다.
- 자살에 대한 보도는 대중의 모방자살을 부추길 수 있다는 사실을 항상 명심하자.
- 자살이 유행하고 있다거나 특정 지역의 자살률이 세계에서 가장 높다는 등의 표현을 피한다.

【2】 자살은 다수의 복합적인 원인들에 의해 발생한다.
- 실연, 실업, 질병 등의 고통스러운 사건들 자체가 유일한 자살의 원인은 아니다.
- 자살자의 90% 이상이 사망 당시 정신 질환을 앓고 있었지만 드러나지 않은 경우가 많다.

- 유명인사의 자살은 일반인의 자살보다 모방을 유발하기 쉽다. 유명인사의 자살이 특별한 주목을 받더라도 그의 개인적인 매력이나 명성 때문에 정신건강상의 문제나 약물 남용 문제가 가려지지 않도록 해야 한다.

【3】 자살 보도문에서의 언어적 표현이 자살의 전염성을 높일 수 있다.

- 헤드라인에 자살이라는 말을 쓰거나 사인이 자해라고 표시하는 것은 위험하다.
- 자살한 사람의 신분에 상관없이 헤드라인에 이름, 나이, 거주지를 밝히는 것은 좋지 않다.
- '자살', '자살하다'보다는 '자살로 사망하다'라고 쓰는 것이 바람직하다. 전자의 표현은 기사의 초점이 죽음에 국한되어 있거나 그 죽음을 죄악시하는 것을 암시할 수 있다.
- '자살 사망' 혹은 '자살 미수'란 표현이 '자살 성공' 내지 '자살 실패'라는 표현보다 바람직하다.

【4】 자살 보도문이 암시하는 태도가 자살의 전염성을 높일 수 있다.

- 자살이 사회적이나 문화적인 변화 내지 타락 때문에 일어나고 있다는 식의 오해를 불러 일으킬 수 있는 언급을 삼간다.
- 자살한 사람을 순교자로 미화하거나 자살 행위 자체를 용감하거나 아름다운 행위로 묘사할 경우, 자살 가능성이 있는 사람에게 자살을 실행에 옮기도록 부추길 수 있다. 그보다는 자살한 사람의 사망 사실에 대한 애도를 강조해야 한다.

【5】 자살 사건의 특성도 모방자살에 영향을 줄 수 있다.

● 특히 유명인사일 경우 자살을 흥미 위주로 다루는 것을 피해야 한다. 유명인의 경우에는 그 사람이 앓고 있었을지 모르는 정신질환 문제에 대해 반드시 언급해야 한다. 특히 자살한 사람이나 자살 장면, 자살 방법에 대한 사진 등을 개제하지 말아야 한다. 1면 머리기사로 싣는 것은 결코 바람직하지 못하다.

● 특히 자녀를 포함한 가족동반자살의 경우 희생된 아이들과 그 아이들을 살해한 부모의 비정함에 초점을 맞추는 경우가 많은데, 이런 경우 자살을 결심한 부모에 대한 정보가 전달되지 못하거나 왜곡될 수 있으므로 주의를 기울여야 한다.

【6】 어떤 방법으로 자살했는지에 대해 자세하게 묘사하는 것은 매우 위험하다.

● 연구에 의하면, 자살에 대한 미디어 보도는 자살 빈도보다는 자살 방법에도 큰 영향을 미친다.

● 특정한 절벽, 고층빌딩, 철도 같은 전통적으로 자살이 자주 발생하는 곳을 보도하면 대중의 관심을 환기·집중시켜 더 많은 사람들이 그 장소를 선호하게 된다(예: 한국의 반포대교).

【7】 자살로 인해 일어날 수 있는 부정적인 결과를 함께 밝혀 준다.

● 자살에 대한 기사에는, 자살에 대한 편견과 정신적 충격으로 그 가족이나 주위 사람들이 겪을 고통이 언급되어야 한다.

● 자살을 시도했으나 실패하여 신체적 후유증(뇌 손상, 사지마비 등)을 입을 수 있음을 자세히 보도하면 자살을 억제하는 효과를 거둘 수 있다.

【8】 자살 보도시 자살을 극복할 수 있는 정보도 함께 전달해야 한다.

● 자살률의 추이와 자살 위기에 놓인 사람들을 위한 최신 치료법을 알려
  준다.
● 자살한 사람이 자살하는 대신 선택할 수 있었던 대안을 함께 알려 준
  다. (위기상담을 할 수 있는 곳의 전화번호와 인터넷 사이트 주소 등)
● 치료나 상담을 받고 위기를 넘긴 사람의 사례를 보도한다.

【9】 시민들이 자살에 대해 보다 정확하게 알 수 있도록 도와야 한다.

● 자살에 대한 편견을 소개하고 자살에 대한 정확한 이해를 돕는 정보를
  포함한다.
● 통계수치는 반드시 주의 깊고 정확하게 해석하여 인용해야 한다.
● 자료 출처는 정확하게 제시한다.
● 자살 예방전문가들의 조언을 정기적으로 제공한다.
● 죽음을 너무 가볍게 여기거나 터부시하지 않고 진지하게 이야기 할 수
  있는 사회 분위기를 조성한다.
● 시민 자신과 가족의 정신건강을 체크하고 위기에 대처할 수 있도록 자
  살 징후가 무엇인지, 그런 징후를 발견하면 어떻게 대처해야 하는지를
  설명한다.

4. 우리 사회에는 자살에 대한 오해와 편견 또는 잘못된 상식이 있다. 이에 대해 잘 알아 두는 것이 우리 사회에서 자살을 예방하는 데 도움이 될 것이다. 수원시자살예방센터에서 제작한 〈자살예방상담학교 교육 자료집 05-001〉에 실려 있는 내용을 옮겨 싣는다.

자살에 관한 오해와 진실

지금부터 살펴보게 될 자살에 관한 몇 가지 생각들은 우리 사회의 규범을 반영하고 있다고 할 수 있다. 이러한 견해들은 우리가 왜 자살문제에 대해 소홀할 수밖에 없는지에 대한 이유를 말해 주고 있다.

⊙ 견해 하나

대부분의 자살은 하나의 특정 사건이나 그로 인한 정신적인 쇼크·충격이 원인이 된다.

[오해] 자살의 동기가 되는 '원인'은 너무나 갑작스럽고 강력해서 이를 막기 위해 우리가 할 수 있는 것은 아무것도 없다.

[진실] 특정사건이 자살을 실행하도록 하는 결정을 내리는데 영향을 줄 수도 있으나 자살은 절대 한 가지 이유만으로 일어나지 않는다. 많은 실례를 보더라도 여러 가지 사건과 감정이 오랜 시간 동안 개입되어 있음을 알 수 있다. 그렇기 때문에 조기 발견을 한다면 자살위험에 처한 이들을 도울 수 있는 기회를 얻을 수 있다. 더구나 인간은 어떠한 참혹한 고통도 주위의 관심과 도움이 있다면 이겨낼 수 있는 능력을 가지고 있다. 비록 자살의 위기가 조기에 발견되지 않더라도 도움

은 흔히 고통이나 아픔보다 훨씬 더 큰 위력을 지니고 있다.

⊙ 견해 둘

대부분의 자살은 거의 아무런 징후나 경고사인 없이 일어난다.

[오해] 자살시도가 임박했음을 눈치 챌 수 없다면 그것은 그 누구도 할 수
있는 것이 없다.

[진실] 대부분의 자살시도자들은 그들을 자살로 몰고 가는 사건에 대한 반
응이나 감정상태를 경고사인을 통해 다른 이들에게 전한다. '도움을
청하는 목소리'라고 할 수 있는 이러한 경고사인들에는 직접적인 자
살 언급, 식욕감퇴·증가, 수면의 변화와 같은 육체적 징후, 심한 감정
의 기복, 평소와 다른 행동 등의 형태로 나타난다. 그들은 자살이 고
통으로부터 탈출, 극도의 긴장감의 해소, 통제감 유지, 또는 상실감
에 대한 대처 등의 수단으로 실행될 가능성이 있음을 보여준다.

⊙ 견해 셋

자살 위험이 있을 법한 사람과 자살에 관한 이야기를 나누는 것은 그에게 자살
의 동기를 줄 수 있기 때문에 삼가야 한다.

[오해] 최선의 방법은 자살문제에 대한 언급을 피하는 것이다.

[진실] 자살은 전염병처럼 한 사람에게서 다른 사람에게로 옮겨지지 않는
다. 자살의도를 살피는 가장 좋은 방법은 직접적으로 말하는 것이
다. 상대방의 자살 생각에 대한 솔직한 대화와 진심어린 걱정은 흔
히 자살의 즉각적인 위험을 줄이는 중요한 요소이다. 자살이라는 주
제에 대해 피하기만 하는 것은 오히려 자살을 부추기는 원인이 될 수

있다. 즉, 위기에 처한 이로 하여금 더욱 외롭고 자신의 고통과 심경에 대해 솔직하게 이야기할 누군가를 찾으려는 노력 의지를 상실하게 한다.

⊙ 견해 넷

자살하겠다고 말하는 사람은 자살하지 않는다.

[오해] 자살하겠다고 말만 하는 사람에게 관심을 둘 필요는 없다.

[진실] 자살을 시도하려는 사람들은 대개 그들의 자살의도를 사전에 직간접적으로 이야기한다. 자살을 시도하는 다섯 명 가운데 네 명이 죽기 전에 여러 가지 방법으로 자살의도에 관해 이야기를 하는 것으로 나타났다. 이러한 자살의도에 관한 말을 진실로 받아들이는 데 대한 실패가 곧 많은 자살 사례들의 죽음에 직접적인 원인이 될 수 있다.

⊙ 견해 다섯

치명적이지 않은 자해행동은 단지 관심을 얻으려는 행동에 지나지 않는다.

[오해] 그러한 행동들은 무시하거나 벌을 줄 필요가 있다.

[진실] 어떤 사람들에게 있어 자살행동은 그들 내면의 살고자 하는 의욕을 고취시키는 데 필요한 다른 이들로부터 도움을 얻기 위한 절실한 몸짓이 될 수 있다. 만약 그토록 절실히 원했던 도움의 손길이 올 기미가 전혀 없다면 도움을 얻고자 했던 간절한 시도와 도움을 기대할 수 없다는 결론-죽을 의사가 전혀 없었던 것과 죽고자 하는 높은 의도-사이에는 순간 완벽한 전환이 이루어진다. 자살생각이나 행동들을 부적절한 도움요청방법으로 제쳐 놓는 것은 매우 위험할 수 있다.

종종 벌칙은 전혀 상반된 결과를 낳을 수 있다. 위기상황에서 자살시도가 아닌 다른 적절한 방법을 찾을 수 있도록 도와주는 것은 문제해결을 위해 도와주는 것과 마찬가지로 자살행동을 막는 데 매우 효과적이다.

⊙ 견해 여섯

자살하는 사람은 실제 죽고자 하는 의도가 있다.

[오해] 자살 시도자들은 자살이 성공할 때까지 계속해서 시도할 것이기 때문에 그들을 돕는다는 것은 아무런 의미가 없다.

[진실] 대부분의 자살자들은 자신의 자살의도에 대해 죽기 마지막 순간까지 양가감정(ambivalence)에 시달린다. 자신들의 삶을 끝내는 것이 절대적으로 돌이킬 수 없는 일이라고 느끼는 사람들은 거의 없다. 이경우 대부분 다른 이들로부터 도움의 손길을 바라고 있고 가끔은 도움을 강요하기도 한다. 자살을 시도하는 대다수는 그들 삶의 어떤 시기에서 삶을 유지할 방법을 찾는다.

⊙ 견해 일곱

한 번 자살을 시도한 사람은 다시 시도하지 않는다.

[오해] 한 번의 시도로 충분하니까 이제 더 이상 걱정하지 않아도 된다.

[진실] 한 번의 자살시도를 한 대부분의 사람들이 다시 자살을 시도하지 않는 것이 사실이다. 그러나 자살시도를 한 사람의 자살률은 다른 사람들에 비해 40~50배 정도 높은 것으로 나타났다. 때문에 자살시도 후 고위험 기간(자살시도 후 회복기)동안 적절한 위기 개입을 함으로

써 자살을 예방할 수 있다.

⊙ 견해 여덟

자살은 복잡한 문제다.

[오해] 자살시도자들은 내가 줄 수 있는 도움보다 더 많은 것을 필요로 하기 때문에 전문가의 개입이 훨씬 낫다.

[진실] 자살을 시도하는 사람들의 다양성만큼이나 자살행동에는 수많은 동인이 있다. 자살하는 모든 이들에게 적용되는 일반적인 규칙을 찾는다면 자살은 매우 복잡한 문제가 될 수 있지만, 특정인의 자살행동을 이해한다는 것은 그 사람의 다른 행동적 측면 이해와 별반 다를 것이 없다.

3. 정신의학자들은 자살과 관련된 몇 가지 징후를 알려 주고 있다. 아래 내용은 '미국 응급의학협회(ACEP.American College of Emergency Physicians)'의 린다 로렌스 박사팀이 제시한 '자살로 이어질 수 있는 11가지 징후'와 '타인의 자살충동이 느껴질 때 지켜야 할 6가지 수칙', 그리고 수원시자살예방센터 이영문 소장이 제시한 '자살 경고 신호'와 '청소년 자살의 위험 징후'이다.

자살로 이어질 수 있는 11가지 징후

① 이유 없이 우울하거나 슬퍼질 때
② 삶의 의욕이 사라져 무엇을 해도 기쁨이나 성취감을 느끼지 못할 때
③ 부쩍 죽음에 대한 이야기를 많이 할 때
④ 자살에 쓰이는 약에 대한 정보를 궁금해 할 때
⑤ 어떤 날은 기분이 매우 좋고, 어떤 날은 심하게 우울해지는 등 감정의
   기복이 클 때
⑥ 사소한 복수에 연연하는 등 화를 주체하지 못할 때
⑦ 식습관, 수면습관, 표정, 행동 등이 이전과는 달라졌을 때
⑧ 운전을 험악하게 하거나 불법적인 약을 복용하는 등 위험하고 파괴적인
   행동을 할 때
⑨ 갑자기 침착해질 때 (자살을 결정하면 차분해진다)
⑩ 학교 생활, 인간 관계, 직장 생활, 이혼, 재정적 문제 등 삶의 위기를 느
   낄 때
⑪ 자살과 관련된 책에 흥미를 느낄 때

자살 경고 신호

① 가족이나 친지, 친구에게 직간접으로 이야기한다.
② 가족의 반응이 없으면 성직자나 의사를 찾는다. 평소의 신앙생활과는
   달리 인생 문제를 상의하고, 병이 없는데도 아프다며 의사를 찾는다.
③ 자살의 결단을 내린 순간부터 식욕, 성욕을 잃어버린다.
④ 자살 결단을 내리고부터 수면 형태가 바뀌어 잠을 못 자던 사람은 푹 자

고, 잠을 잘 자던 사람이 불면증에 시달린다.

⑤ 유서를 작성한다.

⑥ 자살을 결심한 사람은 먼 여행을 가는 것과 같이 준비를 한다. 개인 비품이나 서랍을 정리하고, 속옷을 갈아입고 이발 등을 한다.

⑦ 아껴 온 물건들을 주위 사람들에게 나누어준다.

⑧ "이제 나로 인한 고통은 더 이상 없을 것이다", "먼 여행을 하고 싶다", "그동안 고마웠다"라는 등의 이별을 예고하는 말들을 주위 사람들에게 한다.

청소년 자살의 위험 징후

① 행동이나 성격이 갑자기 변한다.

② 뚜렷한 이유 없이 깜짝 깜짝 놀라거나 안절부절, 식사거부, 불면

③ 일기장에 죽고 싶다는 얘기나 죽음에 대한 내용을 쓰거나 자주 언급될 때

④ 자살 미수자나 가족 중에 자살자가 있는 경우

⑤ 성격이 충동적, 폭발적, 자기 파괴적 경향이 있을 때

타인의 자살 충동이 느껴질 때 지켜야 할 6가지 수칙

① 혼자 두지 마라. 주변에 총, 칼, 약처럼 자살에 사용될 수 있는 물건들이 방치되어 있을 땐 더욱 위험하다.

② 위급한 상황이 발생했을 때 혼자 해결하려 하지 마라. 911(한국은 국번

없이 119)이나, 지역응급센터, 의사, 경찰, 다른 사람에게 전화해 도움
   을 요청한다.
③ 도움을 요청하고 기다리는 동안엔 차분하게 대화를 하라. 시선을 마주
   하고 손을 잡고 대화하는 것이 효과적이다.
④ 자살 방법 등의 자살 계획을 면밀하게 세워두었는지 대화를 통해 알아
   두어라.
⑤ 주변에 도움을 줄 수 있는 사람이 많다는 사실을 상기시켜라.
⑥ 자살을 시도했을 땐, 즉시 앰뷸런스를 부르고 응급처치를 시도한다.

4.   탤런트 고 정다빈 씨가 자살 직전 자신의 미니홈피에 올렸던 유서 형
식의 글 전문이다. 보여지는 글들을 통해 그가 어떠한 고민을 했는지를 살
펴볼 수 있다. 특히 우리가 흔히 신앙이 있다면 어떻게 자살을 할까 하는
생각을 하는데, 고 정다빈 씨의 글을 통해 신앙인임에도 그러한 일이 벌어
질 수 있다는 사실을 보고자 한다.

   하나님...정말 얼마 만에 주님을 불러보는 것인지 모르겠습니다..그동
안 얼마나 나태해져 있었는지..얼마나 소망을 잃고 잊고 살아왔는지..얼
마나 게으름을 피워왔는지..모르겠습니다..오늘..주님께서 저에게 갑자
기 은혜를 주시고..컴퓨터 앞에서 이리저리 불만만 하고 있던 제게 갑
자기..뜨거운 눈물이 흐르게 하시는지...차가운 가슴을 뜨겁게 하시는
지...주님의 뜻을 헤아리지 못하는 저는 지금도 너무 당황스럽습니다..주
님 왜 저에게 이런 은혜를 주시는지..제가 감히 받아도 되는 건지..지금
이 순간 주님은 저를 돌아보게 하시고 이렇게 글을 쓰게 하십니다..왜..
그러시는지 알지 못하지만.. 좀전까지 뭉쳐 있던 아픔과 슬픔들이 지

금 녹아내립니다..어떻게 이럴 수가 있는지.. 아...지난날을 돌아보게 하시는 주님...혹시 저를 기다리시는지..혹시 못난 제가 아직도 보고 싶으신 건지..혹시..저를 용서해 주시는 건지.. 혹시..저를 달래 주시는건지 주님 안에서 은혜받으며 찬양하며 기도하던 저를 상기시키시는 주님..제가 그랬었네요... 기쁨의 눈물을 흘리며 감사하고.. 감사하고....그랬었네요...주님...지금 저는 너무도 못되지고 사나워지고.. 주님을 외면한 채...방황하고 있습니다..이런 저를 용서해 주시는 주님이시군요.. 아마 주님께서 오늘 지독한 외로움에 괴로워하는 저의 신음소리를 들으신 거겠죠.. 아.........살아 계신 주님이 제게 귀 기울이시고 있다는 걸.....못나고 못난 생각에 찌들어 있는 제가 잠시..잊었었나 봐요... 주님 어찌 저를 사랑해 주시는지..주님 어찌 저를 용서해 주시는지..어찌 제게 평안을 주시는지..주님의 크시고 놀라운 사랑..이렇게 주시는군요... 제가 원한다고 받을 수 있는 게 아니었어요... 주님이 주시는 거였어요... 이렇게...아.......저는 지금 많이 놀랐습니다...놀라고 있습니다......주님이 생각지도 못한 순간에 저를 안아주십니다........주님의 놀라우신..감히 상상도 못할 사랑..받고 있습니다..자격없다고 생각하면서도 감사합니다....주님..제가 감히..주님을 사랑합니다.....감사합니다...나의 주님...주님만이 치유하실 수 있는 거였군요.애써 발버둥쳐도 아프기만 했었는데...주님만이 아시고 주님만이 고쳐주시는군요... 감사해요. 주님... 다시 노력할게요.. 주님 손에 의지하며...행복해요. 오늘 저는 주님의 품을 느꼈으니까요..너무나 갑자기.. 이렇게...고백합니다...살아 계신 주님을.....아멘.

LifeHope. 기독교자살예방센터 소개

　기독교자살예방센터는 생명문화 확산과 자살예방을 목적으로 하여 2012년 3월에 설립되었다. 라이프호프는 그동안 자발적으로 자살예방활동을 펼쳐 온 목회사회학연구소가 기독교윤리실천운동(기윤실)과 크리스천라이프센터와 함께 연대하여 설립되었다. 기존 활동에 더하여 라이프호프는 '자살유가족을 위한 위로예배'와 '자살유가족을 위한 문화행사', 청소년들을 위한 '생명보듬캠프' 등을 진행하고 그 활동 영역을 넓혀 가며 기독교에서 자살에 대한 관심을 불러일으켰다. 설립 이듬해 2013년 9월에는 세계자살예방의날을 맞아 보건복지부장관상을 수상하였다.

　2014년도부터는 보건복지부와 중앙자살예방센터의 지원으로 8월에 '생명보듬함께걷기'를 여의도에서 실시하였고 3회에 걸쳐 안산, 서울, 대전에서 '생명보듬벽화그리기'를 진행했다. 또한 청소년과 성인들이 함께 참여할 수 있는 자살예방기초교육 '무지개'를 개발하여 교회와 학교에서 생명교육, 자살예방교육을 활발히 진행하고 있다. 현재 경기북부, 경기남부, 부산, 청주, 울산 등에 지부가 설치되어 운영 중이다.

LifeHope_ 기독교자살예방센터(www.lifehope.or.kr)

전화_ 070-8749-2114

이메일_ lifehope21@hanmail.net

자살 충동자 심층 면접

자살충동자 심층 면접 1

날   짜: 2007년 6월 1일
장   소: 안동교회 회의실
피면접자: 여 35세 일러스트

질문: 개인 신앙 이력에 대해서 말씀을 해 주세요.

대답: 저는 7살 때부터 교회를 다녔고요, 저희 어렸을 때는 교회에 가면 간식을 줬어요. 그래서 그것을 먹으러 갔다가 예수님을 만난 것은 중학교 때요. 신앙생활을 본격적으로 한 것은 청년부 때.

질문: 예수님을 만나셨다고 표현을 하셨는데 구체적으로 설명을 해 주시면 어떤 뜻인가요?

대답: 평소에는 그냥 교회를 다녔던 그런 것보다는 뭔가 내 마음에 와 닿는 누구와 대화하고 있는 듯한 그런 느낌, 그리고 청년부 때는 선배님들이 하도 울면서 기도하기에 '나는 왜 눈물이 안 나올까?' 하고 통성기도하면서 '나도 눈물 좀 흘리면서 저렇게 기도하게 해 달라.'고 기도를 한 시간 쯤 하다보니까 뭔가 보이더라고요. 그래서 저도 울게 되었어요. '아, 예수님이 그동안 나랑 같이 있어 주셨구나.' 그런 것을 보여 주시더라고요. 내 생활 속에서 나와 함께 있었다는 것을. 그렇게 해서 진짜 계시다는 확신을 하고 그때부터 신앙생활을 본격적으로 했죠.

질문: 그 확신이 예수님에 대한 믿음에 확신이기도 하고요?

대답: 네. 천국도 그렇고.

질문: 구원에 대한 확신도요?

대답: 네.

질문: 자살 문제에 대해서 심각하게 생각해 보신 적이 있으신가요?

대답: 네, 많죠.

질문: 어떤 점에서 그런 생각을 해 보셨나요?

대답: 일단은 기독교 말씀에서 어긋나는 것이고, 생명은 하나님께서 좌지우지하시고 마귀도 그것을 손 못 대는 것인데 스스로 목숨을 끊는다는 것이 안 되는 것을 제 스스로도 알기 때문에 그것을 사람들이 너무 모른다는 것이 안타까웠어요. 그리고 목숨을 너무 경홀히 여기는 것도 너무 심각하고 매스컴에서도 그런 것을 단순히 다루는 것에 대해서도 심각하게 생각을 했었어요. 특히 청소년들이 그런 것을 매너리즘에 빠져서 그렇게 받아들이는 것도 심각하고요. 사실 제가 여기 온 것도, 성령이 항상 함께 한다는 저로서도 힘드니까 죽었으면 좋겠다는 생각이 드는데 하물며 요즘 같은 세상에 청소년들이 더욱더 심각하다는 생각이 많이 들었어요. 그런 아이들이 자라서 앞으로 이 세대를 이끌어 가야 할 아이들인데 그 아이들이 자라서 뭐가 된들 그런 생각으로 자라서 이 세상을 어떻게 이끌어 가겠어요? 그래서 기독교에서 손을 대 주었으면 좋겠는데 아무도 관심이 없더라고요. 그런 것에 대한 서적도 많지 않은 것 같고 해서요.

질문: 아까 말씀 중에 본인도 죽고 싶다는 생각을 하셨다고 했는데 어떤 순간에 그런 생각을 하신 거죠?

대답: 옛날에는 여자가 집에서 밥하고 설거지하고 앞으로 어떻게 살아가야 할 것이라는 것이 구체적으로 잡혀 있어서 결혼하면 당연히 이럴 것이라 생각하고 살지만 요즘 시대는 다들 자유분방

하고 자기의 꿈이 있다가 갑자기 애를 낳고 키우다 보면 차단이 되잖아요. 저 같은 경우도 우울증이 왔어요. 믿음을 가졌다고 하면서도 성령이 떠나니까 제 스스로 주체를 못하겠더라고요. 너무너무 심각해지니까 나한테 누군가가 손을 뻗어 주었으면 좋겠는데 어떻게 안 되는 거예요. '죽어야지, 차라리 죽는 게 낫지, 이게 아닌데' 하고 너무 심했어요.

질문: '차라리 죽어야지.' 라는 것이 어떤 것과 비교해서 말이지요?

대답: 지금 현재에서 탈피하고 싶은 거죠. 현실에서 벗어나고 싶은 것이 많아서 계속 다니고 연구하고 그랬다가 갑자기 '내가 왜 이렇게 살아야 하지?' 물론 자식은 하나님이 주신 선물이라고 하지만 '하나님이 주신 선물이 왜 이렇게 버겁지?' 이런 생각도 있었고 그것을 벗어나기까지 지금 결혼한 지 십 년이 되었는데 너무 힘들었어요. 믿는 가정에 결혼한 것이 아니라 더 힘들었고요.

질문: 믿는 가정이 아니라고요?

대답: 네. 시댁이 믿는 가정이 아니었는데 지금은 다 다니죠. 결국에는 왜 나한테 이런 시련을 주실까, 기다시피해서 교회를 가서 가까스로 내가 붙들 곳은 여기밖에 없다, 자꾸 그게 맴돌더라고요. '자살하면 안 된다, 자살은 지옥에 가는 것이다'라는 생각이 있기 때문에 그런 순간에도 지금 내가 죽어봤자 여기서 탈피는 하지만 더 심한 곳으로 떨어지는 것은 너무 당연한 것인데, 그것이 자꾸 뇌리에 있으니까 '말씀이 살아 움직인다는 것이 사실이구나.' 그런 생각도 하기도 했지만 너무 갈등이 심했어요. 그래서 '말씀이라도 아이들의 밑바탕에 깔려 있으면 그런 순간에 견뎌낼 수 있겠구나.' 하는 마음이 들었어요. 시간이 흐르고 내가 안정을 찾고 난 후로. 그래서 저희 아이들에게는 웬

만하면 교회를 못 떠나게 하고 주일은 철저하게 지키게 하고, 초등학교 3학년, 2학년이거든요. 내가 어떻게 못하는 부분들은 하나님께서 하신다는 것을 알기 때문에, 아이들을 어떻게 하던 믿음의 끈 안에 두려 하고 스스로도 교회생활을 열심히 하려하고 주일날 무슨 행사가 있으면 안 보내고 안 시켜요. 내가 살아보니까 그것이 살길인데요.

질문: 지금 말씀하신 것이 예를 들면 산후 우울증인가요?

대답: 네. 저희 가정이 안 믿는 가정이었고 엄마, 아빠에 대한 것이 심해서 탈피하려고 했던 결혼 생활이었는데 그것이 더 구속이었어요. 자유분방한 생활, 그러니까 내 마음대로 다니고, 느끼고, 꿈도 있고, 비전도 있고, 옛날 엄마들하고 틀리니까 그랬다가 기독교적인 결혼은 서로 한 몸이 되어서 더 큰 하나님의 뜻을 이루고, 저는 그렇게 알고 있었고, 기도도 그렇게 했는데 결혼생활을 하다 보니 그것은 다 무시되고, 일단 먹고 살기 힘들고, 그러다 보니 '이게 무슨 신앙이야.' 이런 생각이 들고. 그런데 하나님은 왜 결혼하라고 하셨지? 어떻게 해야 내가 진실된 신앙인으로서의 결혼생활을 할 수 있을까? 서적들도 계속 보고 이제 결혼 십년 만에 책을 보는데 그동안에는 계속 책을 보려고 해도 짬이 안 나더라고요. 방송을 통해서 매스컴을 통해서 그런 쪽으로 계속 성경말씀을 안 놓치려고 간간히 애를 쓴 것이 여기까지 온 것인데 다시 신앙을 찾기가 너무 힘들었어요. 사람들이 결혼은 탈피라는 생각을 안 했으면 좋겠고, 어린 애들이 안쓰럽다고 해야 하나? 십대, 이십대 때가 부러운 것이 아니라 나는 다시는 돌아가고 싶지 않고 지금이 너무 좋아요. 나이 먹는 다는 것이. 신앙 하나가 있으니까 나이 먹는 것이 아름답다

고 느껴지지 세상 안에 있으면 이십대, 십대 아이들이 '나이 들어서 모르죠.' 할 때는 '모르는 것은 너희들이 모르는 거지.' 생각하고, 철이 든다고 해야 하나, 그런 느낌이 있거든요.

질문: 말씀 중에 탈피성으로 결혼을 하셨다고 말씀하셨나요?

대답: 네. 엄마, 아빠의 구속, 간섭, 내가 하고 싶은 것을 마음대로 못하고 그리고 결혼을 하면 하나님께서 사랑하는 사람하고 같이 하나님의 어떤 계획을 이루어 가고... 저희 엄마, 아빠는 너무 구속이 심하고, 간섭도 심하고 제재가 심하니까 결혼만 하면 엄마, 아빠한테 벗어나서 자유롭게 내가 쓰고 싶은 데로 쓰고, 하고 싶은 데로 하고, 믿음 생활도 너무 자유롭게 할 줄 알았는데 그게 아니더라고요.

질문: 그게 아닌 것은 왜 아니었던 거죠?

대답: 자유가 틀린 것이 나한테 주어진 대로 요리하라고 하면, 요리해 놓은 것은 그냥 먹으면 되는데 요리를 하라고 하면 내가 깎아서 요리를 해서 먹어야 하는데 결혼이라는 것이 나는 생각도 못했던 것이 '엄마가 힘들었겠구나.'라는 것을 이제야 깨달아 '그래서 나를 구속했구나' 하고 그것이 받아들여져요. 우리 아이들이 그렇게 하는 것을 나도 이렇게 오해를 하지 않게 지금은 엄마, 아빠가 나한테 얘기를 안 했던 것 "결혼이라는 것은 이런 것이다, 가서 이런 책임이 있어야 한다, 내게 이만큼 주어지면 그것에 대한 책임을 져야 한다"는 것을 엄마, 아빠가 미리 아시는 분들이어서 얘기를 해 주었으면 좋았을 텐데요. 신학을 전공하셨던 어느 언니가 저에게 이런 말을 했어요. "나 빨리 결혼할거야." 했더니 "결혼은 너에 대한 현실 탈피가 아니다. 그런 식으로 결혼을 할 것이면 하지 마라. 힘들 거다." 그랬어요. 그런데

그 말을 무시했거든요. 잊어버렸는데 결혼하고 나서 그 언니의 말이 떠올랐어요. 서로 사랑해서 결혼하고 항상 같이 있으면 즐거울 줄만 알았는데 그것은 연애지, 진짜 사랑은 결혼해서 생활을 해 보고 그래서 서로 사랑했을 때 진짜 사랑이구나, 하고 깨달았어요.

질문: 그러면 처음에 그런 문제를 갖고 고민을 하실 때에는 아기를 갖기 전에도 그런 고민을 하셨던가요?

대답: 아니요. 마냥 좋죠. 신혼 때는 같이 있어서 좋고, 내가 반찬을 맛있게 해 먹어서 좋고, 엄마가 먹으라는 것은 굳이 먹지 않아서 좋고, 그런데 애기를 낳고 보니까 애기한테 완전히 전념해야 되고, 화장할 시간도 없고, 꾸밀 시간도 없고, 하루 종일 집안 일을 해야 하고 그래도 바쁘고 시간이 모자라고 누우면 자고 일어나면 똑 같고. 그래서 누우면 잠이 안 깼으면 좋겠다는 생각할 때도 많고. 이게 지금 생각해 보면 많이 힘들었는데 그 과정이 있었으니까 '이런 과정도 겪어야 되는 것이구나' 하고 이제는 알겠어요. 요즘 애들은 애기 낳아서 엄마한테 맡기고 마냥 편해지려고 하잖아요. 자식도 자기 손으로 키워 봐야 그 소중함도 알고, 왜 하나님이 나한테 주셨는지 알겠구나, 평생 자식만 키우다가 시간을 보낸 엄마한테 맡기고 싶지 않더라고요, 이제는. 그때는 우리 엄마를 원망했어요. 다른 엄마들은 자식도 맡아주고 그러는데. 우리 엄마가 자식이 다섯이거든요, 이제 좀 편해지셨는데 또 손자를 맡으시라고 하면 맡으시겠어요? 얼마나 후회가 되시겠어요, 그동안 사신 삶이. 내 손으로 키우니까 정이 더 가고, 아이 눈빛만 봐도 알고, 아이 숨소리만 들어도 알겠더라고요, 아이가 어떤 얘기를 하려고 하는 것인지. 그

래서 이제 십 년이 되니까 내가 다시는 내 일을 못 할 줄 알았는데 다시 기회가 오더라고요. 어느 분이 그러시더라고요. 내가 너무 급해서 죽기 직전의 상황까지 가고, 그저께인가 어떤 엄마가 우울증이 너무 심해서 아이를 목 졸라 죽였다는 뉴스가 있었는데 그 엄마 마음이 이해가 가요. 죽일 년, 살릴 년, 이런 말들을 하는데 오죽했으면, 그리고 그 주변에 사람들이 그렇게 되기까지 왜 아무도 그 여자의 손을 안 잡아 주었을까, 나도 그것을 느껴 봤으니까. 여자가 정신 착란이 되었더라고요. 왜 저 여자를 저렇게 내버려 두었을까, 그리고 왜 그 결과에 대해서만 저 여자를 나무랄까, 그 여자가 그래요, 나는 아기를 죽인 것이 아니라 요괴를 죽였다. 저는 신앙이 아니었으면 못 견뎠을 텐데 어느 목사님이 오셔서 기도를 해주시면서 참 힘들겠다는 한마디에 위로가 되어서 펑펑 울었어요. 그 다음부터 신앙이 조금씩 찾아오는데 사탄이 그런 식으로 목숨을 가져가려고 하는 것을 알았기 때문에 더 심하게 그럴 테니까 신앙을 더 잡으라고 하시더라고요. 그러다보니까 그분 얘기를 듣고 그때부터 열심히 기도 많이 하고 그런 생활을 했어요. 어느 정도까지 제가 심각했냐면 그 엄마처럼 칼을 항상 숨겼어요. 애들하고 나만 있으니까, '애만 없으면 내가 나갈 수 있는데, 저 애만 없으면 내가 뭐든 할 수 있는데' 너무 너무 심해지니까 상상도 하는 거예요. 찔러 죽이는 상상. '이러면 안 돼!' 하면서도 자꾸 나쁜 상상만 하는 거예요. 내가 계단을 내려가면 굴러 떨어지면 어떡하지, 차를 타고 가다가 차가 뒤집히면 어떡하지, 하다못해 내 남편 차에 어쩌다 옆에 타면 발이 마비가 된 적도 있었어요. 이 차가 사고가 날 것 같은 거예요. 나쁜 생각만 계속 들고, 그래서 이제는 심각하게 안 되겠다 싶어서 기도 요청도 많이 했어요. 기다시피해서 교회에 가서 새벽마다 기도하고, 그렇게 해서 견뎌나가서 지금까지 왔는데 이제는 시험이 끝난 것 같기는 한데 이제는 어느 정도 아이들이 컸으니까 너무 감사한 거예요. 그때 하나님은 내 곁에 있었지만 나도 하나님을 붙들려고 노력을 했어야 하는 거예요. 문은 두드리는데 밖에 문이 손 고리가 없는 그 그림이 자꾸 생각나더라고요. 하나님은 끊임없이 내 문을 두드리고 계셨지만 내가 항상 하나님에 대한 마음이 열려 있지 않으면 예수님은 내 마음에 들어올 수 없는, 내가 내 마음을 열어야지 성령도 들어오시고 그러는구나, 그것을 다 끝나고 난 후에 알았어요.

질문: 그 말씀은 스스로 마음의 문을 닫았다는 말씀인가요, 의도적으로?

대답: 의도적인 것은 아니고, 옛날에도 '교회 안 가도 내가 믿음 생활을 집에서 하면 되지' 아니었어요. 교회 가서 기도하고, 코이노니아라고 하죠. 만나고, 교제하고 해야지 나 혼자 스스로 뭘 할 수 있다는 것은 아무것도 없더라고요.

질문: 그때는 그렇게 생각을 하셨단 말씀인가요?

대답: 내가 너무 힘드니까, 제가 체력이 되게 약하거든요. 교회를 누가 데리고 갈 상황이 아니어서 백일 된 애기를 데리고 가까스로 가는데 너무 힘들어서 못가겠더라고요. 그리고 택시비도 없어서 걸어가야 하니까 교회에 갔다 오면 녹초가 되더라고요. 애기 밥도 줘야 하고 잠도 못자고, 그래서 누가 나 좀 교회에 데리고 갔으면 좋겠는데 그게 안 되니까 근처에 있는 교회에 가서, 그분이 원로 목사님이셨는데 설교를 너무 개미같이 말씀하시니까

안 들리는 거예요. 그래도 교회를 규칙적으로 오다보면 성령이 날 붙드시겠지, 그런 믿음으로 아기를 데리고 영아실에서 있었는데 어떻게든 거기에서 벗어나지 않으려고 노력을 했어요. 의지와는 다르게 집에서 예배를 드린다는 것이 꾸준한 끈기가 있어야 하는데 사람이 쉽지가 않은 것이잖아요. 그래서 혼자 기독교 방송 틀어 놓고 성경말씀 틀어 놓고, 십 만원이 넘는다 해도 카드로 성경말씀 테이프를 사서 틀어 놓고 상당히 노력을 했거든요. 그래서 나중에 구역장이 오셔서 나 때문에, 나 하나 때문에 매주 오셔서 예배를 드려 주셨어요. 말씀을 들어주시고, 같이 얘기하고 기도하고 그렇게 하기를, 금방 안 돌아와요. 한 오년, 육 년 조금씩, 조금씩. 그리고 아이가 학교에 들어간 다음에는 아이 친구 엄마, 신앙이 좋으신 아이 친구 엄마를 통해서, 그 엄마가 계속 신앙적인 얘기를 해 주고, 큐티를 하라고 했는데 못하고 인터넷으로 큐티를 하다가, 많이 힘들었어요, 그때. 그런데 목회자도 중요한 게, 목사님이 왜 신앙생활을 제대로 못하냐고 다그치셨어요.

질문: 교회 목사님이요?

대답: 네. 그래서 힘들었어요. 남편하고 주일이 무서웠어요. 토요일마다 남편이랑 싸웠어요. 교회를 옮긴 지 삼 년이 되었나, 삼년 동안 너무 시달렸는데 그렇게 시달리면서 교회를 함부로 옮기는 것이 아닌데 하는 마음이 저한테는 있어요. 동생들이랑 신학 공부하는 친구들이 그렇게 힘들어하면서 굳이 다니지 않아도 될 것 같다, 네 마음을 하나님이 아시니까 좋은 목회자를 찾아서 네 신앙에 도움이 된다면 옮기는 것도 좋은 방법이라고 해서 단호하게 기도를 한 끝에 어느 날 갑자기 그렇다면 하나님께서

내가 이 교회를 옮기고 누가 자꾸 찾아온다거나 힘들게 하는 일이 없게 해 달라고. 그런데 정말 그렇게 되었어요.

질문: 교회를 옮기신 것인가요?

대답: 네. 엄마네 교회로 옮기고 딱 중간부터 찬양이 울려나오는데 그 것이 위로로 들리는 거예요. 그래서 중간부터 찬양소리에 울면서 교회에 들어갔어요. 목사님 설교를 듣는데 매주 울음이 나와서 화장을 하고 갈 수가 없었어요. 찬양하고 경배하는 것이 이렇게 행복한 것인데 내가 십년 동안 어떻게 살았을까, 그런 마음이 들었어요. 그래서 거기에서 자유롭게 신앙생활을 했어요. 올 삼월부터 다니기 시작했는데 그 이후로 신랑하고도 한 번도 안 싸웠어요. 남편한테 화도 안내게 되고 우리 아이들한테도 잘하고. 특히 아이들, 이전에 교회는 애들이 없으면 사모님이 '애들도 없는데 뭐.' 사모님이 하시는 말씀을 들었어요. 교회가 큰일 났다, 이런 것이 아니라 나라도 어떻게 하겠다, 하면서 아브라함과 같은 믿음으로 나라도 섬겨야지 했는데 목사님이 나만 보면 숨이 막히신데요. 그 말을 들으니까 마음에 상처가 되는 거예요. 나는 상처를 치유 받으러 매주 교회에 가는데 목회자를 통해서 사람들을 통해서 상처를 받고 오니까, 그런데 지금은 치유를 받고 오거든요. 이 교회는 너무 친절한 것이 이 교회에서 삼 년 동안 힘들었던 것이 저 사람 거짓말 아냐, 그냥 나를 잡아두려고 하는 것이 아닌가 해서 사람들하고 못 친해졌는데 마음의 문을 오픈하고, 내가 저 사람에게 상처를 받아도 나를 치유하시는 분은 하나님이시니까 나는 착한 일만 하자, 내가 착한 마음을 가지는 것을 하나님이 원하시는 것을 알고 내 아이가 누구랑 싸우고 왔는데 때렸다고 하면 그냥 조금 참지,

내 아이가 맞고 들어 왔다고 하면 내가 더 화나고 혼내 주고 싶은 마음이 들듯이 하나님도 이런 마음이겠구나, 착한 마음을 가지라고 성경말씀에 있더라고요. 성령이 너희들이 착한 마음을 갖기를 원한다, 자식을 키우다 보니까 하물며 사람인 나도 자식한테 못된 것보다 잘되고, 착하기를 원하고 싸우고 왔는데 잘 했다는 부모는 없을 거예요. 뒷일은 내가 감당할 테니까 너는 착한 일만 해라, 그것을 처음에는 '내가 왜 지고 살아야 하는데' 내가 하나님을 아직도 부모로 느끼지 않았구나, 그런데 이제는 느껴져요. '그래, 내가 좀 손해를 보고 살아도 이 세상을 지으신 하나님께서 그것을 갚아 주신다.' 그것을 체험해요, 말씀대로 살면 체험은 따라오더라고요.

질문: 산후 우울증은 애기를 가지고 후에 계속 지속이 된 것이죠?

대답: 네.

질문: 연년생으로 아이를 낳으시면서 상당 기간 동안 그것이 이어진 것인가요?

대답: 네.

질문: 몇 년 정도 고민을 하고 고생을 하신 것인가요?

대답: 산후 우울증으로 심하게 고생한 것은 아이를 유치원에 보내기 전까지 그랬어요. 그래서 남들이 아이를 유치원에 보내라고 했어요. 끼고 있어서 되는 것이 아니라고, 내 손에서 벗어나면 아이가 어떻게 될 줄 알았는데 하나님께 맡기고 내려놓는다는 것이 도대체 무엇인가, 나도 신앙이 있으면 있는 사람인데 내가 왜 이런 것을 모를까, 하나님께 내려놓는다는 것이 뭐냐고 묻기도 했는데 그렇게 하라고 하니까 그래, 한번 내려놔 보자고 그렇게 하니까 아이들도 잘 크고, 나도 편하고 아이들에게 화도

덜 내고 내 일도 조금씩 하게 되고 그렇게 되더라고요. 그래서 지금은 다시 작가 일을 하고 있어요. 그리고 아이들도 학원도 보내게 되고 어느새 십 년이라는 세월이 흘러서 나한테는 이런 저런 우여곡절이 많았는데 지나보니까 벌써 십년이 되었네, 시간이 빠르게 흐르네, 시간 낭비 하지 말아야지 하는 생각을 했어요.

질문: 그러면 힘들었을 그 당시에 목사님으로부터는 큰 도움을 못 받으셨겠어요?

대답: 네.

질문: 그래도 어디선가 도움을 구하셨다면, 어디 병원에 다니신 것은 아니죠?

대답: 네.

질문: 그러면 무엇으로부터 도움을 받으셨나요?

대답: 신앙이 좋으신 분들...

질문: 주위에?

대답: 네. 특히 엄마들, 엄마인데 신앙이 좋으신 분들, 내 마음을 아는 분들...

질문: 같은 교회에?

대답: 아니요, 내가 전에 다녔던 교회, 청년부 때 다녔던 동기들. 저희 때가 신앙이 좋아서 선교 사업을 하는 사람도 많고, 친구 중에는 그래도 신앙은 붙들어야 한다고 애를 안고, 업고 다니면서 위십도 하고, 시어머니가 뭐라고 하는데도 교회에서 내가 죽으면 죽었지 이게 낫다고 하면서 교회서 살아야, 이에 내가 살길이다 하면서. 그렇다고 집안 살림을 등한시하는 것도 아니에요, 대개 열심히 해요. 새벽 6시에 일어나고 밤 1시, 2시에 자면서

하나님께 매달리고. 잠을 안자는 것이 낫지 내가 신앙을 벗어나서 괴롭게는 못살겠다고 하더라고요. 그러면서 붙들라고 아시는 것은 하나님이시다, 견디다 보면 하나님께서 위로해 주신다. 그런데 성령이 없으니까 그 말을 받아들이려 해도 내가 당장 힘들어 죽겠는데, 성령이 떠나면 약해지는 것이 맞아요. 내 의지로 믿는 것이 아니라 성령이 있을 때 그것도 가능한 것이지 성령을 떠나보내니까 힘들더라고요.

질문: 자살 문제에 대해서 조금 더 여쭤보고 싶은데, 구체적으로 자살 문제를 그때 당시에 고민을 해보셨나요?

대답: 네. 눈을 감으면, 그때는 나밖에 생각이 안 났어요. 내가 어떻게든 살아야 되는데, 눈을 감으면 내 일이 아니었으면 좋겠고. 이런 생각까지 했어요. 약을 먹고 죽어 버릴까, 하나님이 없을 것 같다는 생각이 들었어요. 나를 이렇게 방치해 놓는데 내가 그동안 믿었던 하나님이 없었나보다, 착각이었나 보다.

질문: 청년부 때 구원의 확신도 갖고 그동안에 신앙생활을 나름대로 잘 하셨는데도 그런 상황에서는...

대답: 성령이 떠나니까, 내 착각이었나 보다, 내 열의 때문에 그랬었나 보다, 날 사랑하는 하나님이 이렇게 나를 방치해 놓을 수가 없다. 그런 생각이 드니까 수면제를 살까하는 마음도 있었어요. 약국마다 가면, 한꺼번에 주지 않으니까, 내가 죽고 나면 누구든 내 아이는 키우겠지 하는 생각까지 들었어요. 칼로 요리를 하다보면 너무 힘드니까 이것을 가지고 무슨 짓을 할 것 같아요. 그래서 무서워서 칼을 숨겼어요. 지금은 안 그러는데 그 때는 칼을 가지고 무슨 짓이라도 할 것 같았고 이상한 소리도 들리고, 꿈마다 사탄을 봤어요, 그때는...

질문: 지금 돌이켜 생각해 보면 당시에 어려움을 극복하는 데 가장 큰 도움이 된 결정적인 요인이나 계기가 있었다면 무엇일까요?

대답: 심방이요.

질문: 심방이요?

대답: 네. 제가 나갈 수가 없으니까. 몸도 너무 약해 있고. 사람들은 왜 그렇게 약하냐, 남들은 다 애들을 둘, 셋씩 낳고 다 하는데. 나는 간수치도 올라가 있고 빈혈도 있고 해서 길거리에 쓰러져 죽을지도 모르는데 자꾸 나한테 그런 것을 요구하니까 혼자 너무 버거웠어요. 내가 너무 신앙이 약한가, 나는 왜 이러지, 내 스스로 자책이 심했어요. 병원에서 이런 분이 어떻게 돌아다니냐 해서 입원까지 했었어요. 처음에 심방을 오신다고 했을 때는 집안 꼴도 말도 아니고 해서 못 오게 했었어요.

질문: 심방은 구역장이 온다고 했나요?

대답: 네. 그런데 오셔서 너무 따뜻하게, 그 분이 저랑 나이 차이가 꽤 났어요. 그냥 오셔서 너무 편하게 괜찮다는 말씀만 하셨어요. 자기 사시는 이야기, 예배 드리고 내 사는 이야기 다 들어주시고 그리고 하나님은 사랑하실 거라고, 그리고 자기가 너무 힘들었던 얘기들을 해 주시고, 예배도 중요했지만 내게 직접 다가와서 손을 내밀어 주신 것, 기독교인들도 신앙이 있으면 무조건 가서 그러면 부작용이 있더라고요. '교회에 다니세요.' 이런 것 보다는 '저 사람의 진실한 마음으로 전도를 하는 것일까' 그 다음에는 이런 생각이 들어요. 진실한 전도가 무엇일까, 거부반응을 일으키잖아요. 정말 한 사람을 진실하게 예수님을 영접하게 하는 것은 정말 오랜 시간이 걸리더라고요. 저를 통해서 전도된 친구가 몇 명 있어요. '야, 교회에 다녀. 교회에 안 다녀

서 그래.' 이런 것보다는 '나 교회에 다녀서 이랬다.' 다 들어주고 나서 성경말씀 한 번 읽어 주고 이런 말씀도 있더라. 그리고 그런 생각을 갖지 말라고. 이런 생각도 했어요. 나한테 이런 마음을 주신 것은 나랑 똑같은 사람들을 내가 감싸주라고 그런 시련을 주셨나보다. 나의 소명이 무엇일까, 나에게 왜 그림을 그리게 하셨을까, 그림을 잘 그려서 돈을 잘 버는 것이 아니라 그림을 통해서 사람들에게 하나님의 마음을, 내 그림을 보고서 따듯한 마음과 하나님께서 인간에게 원래 주셨던 그런 마음들을 찾을 수만 있다면 이것이 내 소명이구나, 그런 것을 알게 되었어요. 요즘에 초등학생들을 보면 죽고 싶다는 마음을 많이 가져요. 제가 초등학교 아이들도 가르쳐 봤는데 마지못해 엄마 때문에 한다, 그럼 엄마한테 얘기해라고 하면 말해 봤자 소용없다고 해요. 그래서 저는 웬만하면 아이들 의사를 들어 주는데 학원 선생님들은 아이들의 말을 들어 주면 안 된다, 엄마가 단호해야 한다, 엄마가 아이들에게 끌려 간다고 할 때는 진짜일까 하는 마음이 들 때도 있지만 학원을 가는 목적은 아이가 원해야 하는데 엄마가 가라고 해서 가면 뭐해요. 남 보기에 좋아도 아이가 싫으면 소용없는 거잖아요. 네가 좋으면 하라고 했다가도 내가 잘못된 길을 가는 것은 아닐까 생각을 해도 아이는 밝아져요. 내가 겪어 보고, 책도 읽어 보고, 많은 사람들이랑 얘기도 해 보니까 어린이 자살은 심각해요. 요즘 아이들은 사춘기도 빨리 오기 때문에 그래서 좀 더 저는 관심을 가지고 있어요.

질문: 저희가 설문 조사했던 문항 중에 이미 답변하신 것이지만 질문 중에 자살이 신앙의 문제인가, 아니면 어떤 정신적인 문제인가, 하는 문항이 있었는데 뭐라고 답을 하셨나요?

대답: 정신적인 문제라고 했던 것 같아요. 신앙이 전제가 되는 사람은 자살 생각을 안 할 것 같아요. 생각을 해도 죽으면 안 된다는 생각이 있을 것 같고. 저는 집에 TV가 없어요. 왜냐하면 일본문화가 너무 많이 들어와 있고, 일본이라서 배척을 하는 것이 아니라 일본문화가 어떤 것이라는 것을 제가 너무 잘 알아요. 일본에 유학 간 친구 얘기를 들었는데 일본은 사회적 문화가 굉장히 심각하대요. 그 사람들은 사람을 죽이는 것이 그냥 울컥하는 마음에, 우리나라에서 벌어지는 그런 이슈보다도 엄청나게 심각한 문제가 많데요. 아이들 만화 채널도 하루 종일 하더라고요. 이것이 사단의 역사가 아닌가 싶어요. 나도 봤지만 드라마 채널을 보면 계속 앉아서 그것만 보게 되요. 그것이 시간을 붙들어 놓는 것 같아요. 그래서 어느 날 갑자기 남편과 상의를 해서 TV를 치웠어요. 아이들과 많이 부딪혔지만 지금은 좋아요. 습관이라는 것이 무서운 것이잖아요. 아이들이 어느 정도 클 때까지 그것을 저지해 주면, 자기 스스로 옳고 그른 것을 판단할 나이가 되면 스스로 끊어요, 그것을 제가 경험을 했거든요. 그러니까 우리 아이들에게도 그런 것을 하다 보면 판단할 수 있는 능력이 있다는 것을 알고 하나님이 안에 있고, 그 말씀이 안에 있다면 보고 싶지만 억지로 안 하겠죠. PC방도 가는 날짜도 정해 주었어요. 안 갈 수는 없으니까, 크면 네 맘대로 갈 수 있지만 하나님이 원하시지 않으실 것이다. 선택은 너 자유다, 처음에 뭘 물어보셨죠?

질문: 자살 문제를 신앙의 문제라고 생각하시는지요?

대답: 신앙이 있어야 된다고 봐요. 이번 주 목사님 설교가 어떤 이유에서 교회에 오건 신앙이 있어서 오는 사람은 별로 없을 것이

다. 여러 가지 이유가 있을 것이라고 보는데 일단 와서 말씀을 들다 보면 그것이 내 마음에 신앙이 되고 그렇게 성장하는 것이지 교회가 옳아서 오는 사람은 별로 없다고. 그래서 신앙의 문제가 아니라 정신적인 문제라고 봐요.

질문: 다음 질문이 장례문제인데 아까 말씀하신 것처럼 자살은 죄악이라고 생각하시지 않습니까, 자살해서 죽은 분에 대해서 교회에서 장례를 치러 주는 것이 좋다고 생각하세요, 아니라고 생각하세요?

대답: 차라리 저는 좋다고 봤어요.

질문: 해 주는 것이 좋다?

대답: 네. 자살을 해서 죽었지만 그 사람을 불쌍히 여기고 장례를 치러 주면 거기에 있는 가족들이 보면서 교회를 다닐 수도 있고, 구원을 받을 수도 있고, 믿음을 받아들일 수도 있는 문제잖아요. 믿는 사람들이 내가 할 수 있는 하나님의 사랑을 전할 수 있는데까지는 어떤 방법을 통해서든 그 사람을 불쌍히 여기는 마음으로 장례를 치러 주는 것도 바람직하다고 생각해요.

질문: 자살을 하면 구원받지 못한다, 지옥에 간다는 것은 어떻게 알게 되셨나요, 설교를 통해서 아니면 책을 보셨나요?

대답: 여러 가지요.

질문: 예를 들면?

대답: 반박하는 사람도 있는데 저는 그것을 이렇게 받아들여요. 이 사람을 하나님이 지으셨다면 하나님의 룰이 있어요. 하나님이 정해 놓으신 법이 자살을 하면 천국에 가지 못한다고 하셨다면, 내 집에 오는 사람은 내 법을 따라야지 천국이 하나님의 것이고, 천국은 하나님의 집이잖아요. 그러면 집 주인 마음이지, 그

래서 주인이 '자살한 사람은 내 집에 오지 마.' 하면 가지 못하는 것이라고 저는 받아들였어요. 하나님의 법이 그렇다면 자살한 사람은 내 집에 올 수 없다는 것이 하나님의 규칙인데 그런 것이 있어서 죽지 못해요.

질문: 자살 예방 프로그램이 교회에 있다면 도움이 된다고 생각을 하세요?

대답: 네 많이요, 특히 청소년들에게...

질문: 만약에 김 선생님처럼 고민하고 어려웠을 때 교회 안에 그런 프로그램이라든지 상담자가 있다면 도움을 구하셨을까요?

대답: 네. 그것이 저희 옮긴 교회에는 있어요.

질문: 긴 시간 동안 말씀 감사합니다.

자살충동자 심층 면접 2

날   짜: 2007년 5월 30일
장   소: 안동교회 회의실
피면접자: 남 52세 사업가

질문: 선생님 개인 신앙 이력에 대해서, 신앙이 얼마나 되셨는지, 언제
      부터 교회에 다니셨는지 말씀해 주세요.

대답: 신앙은 오래 되지 않았어요. 한 6-7년, 집사람은 오래되었고.
      제가 사업을 하느라고 많이 소홀했더니 집사람이 소원이 하나
      있는데 저랑 같이 교회 가는 것이 소원이라고 해서 그걸 못 들
      어 주겠냐 해서 다니게 됐죠. 본격적으로 다닌 것은 6년, 옛날
      에도 다니긴 했지만...

질문: 그때도 댁은 인천이었나요?

대답: 네. 인천에서 교회를 다녔죠.

질문: 매주 교회는 출석을 하셨나요?

대답: 네. 주일은 지키죠.

질문: 그럼 보통 교회에서 얘기하는 개인 경건생활이 있잖아요. 기도
      라든지, 성경을 읽는 다든지 하는 것들을 규칙적으로 하시는
      편이었나요?

대답: 아니요. 제대로 못하죠. 금요일 날 하는 구역예배도 참석을 제
      대로 못했는데요. 저희 같이 사업하는 사람은 금요일 날이 제일
      바빠요. 토요일에 노니까 금요일에 손님 만나고 접대도 하고 그

러면 금요일이 제일 바빠요.

질문: 그럼 거의 주일 아침 예배 한번 참석하는 정도였나요?

대답: 그렇죠. 그리고 주일 오후 예배하고. 11시 예배는 꼭 지키려고 노력을 하죠.

질문: 6년 정도 되셨으면 스스로 생각하실 때 내가 그리스도인이라는 확신이 있나요?

대답: 확신은 있죠.

질문: 교회에 다니기 시작하면 구원에 대한 확신 얘기도 많이 하잖아 요, 아시겠지만 나중에 돌아가신 후에 하나님 나라에 갈 수 있 을 것인가, 이런 것에 대해서도 교회에서 얘기를 많이 하는데 그런 부분에 대해 확신이 있으세요?

대답: 앞으로 될 일에 대해서는 확신이 없고, 현실에 충실하고 어차피 나이가 좀 들고 살다보면 뭔가 의지할 때가 있어야 되고, 내가 만능이 아니고 나약한 존재인데 뭔가를 믿어야 되고 의지해야 한다는 생각도 들고 해서 신앙생활을 하게 된 것이죠. 집사람 권유도 있었지만.

질문: 그럼 죄송한 질문이지만 그냥 편하게 말씀하셔서, 본인이 생각 하실 때 예수 그리스도에 대해서는 어떻게 생각하세요?

대답: 참 애매모호한...

질문: 성경에서 얘기하는 것들도 있잖습니까, 사도 베드로의 고백이라 든지. 그것들을 본인이 받아들이세요?

대답: 네. 감명이 깊어요. 어떤 구절은 감명이 깊고 하는데 이렇게 말 씀드리면 어떨지 모르지만 내가 신앙생활을 열심히 하고 싶은 데 주위의 여건이 안 따라 주고, 내가 주님하고 약속한 것도 할 수가 없고, 여건이 안 되면 못하는 것이에요, 솔직한 얘기로. 십

일조를 하고 싶어도 몇 년을 수입이 없이 몇 년을 사는데 십일조를 어떻게 합니까? 그럴 때 사람이 답답해지는 거예요.

질문: 제 생각에는 교회 예배에 꼬박꼬박 나가는 것도 중요하고 기도를 열심히 하는 것도 중요하지만 겉으로 들어나는 것보다도 마음, 그 마음에 정말 예수님에 대해서 어떻게 받아들이고 있는가, 그것이 더 중요할 수도 있는데...

대답: 요사이에는 이런 말씀드리기 뭐하지만 제가 혼자 기도할 때 그렇게 기도합니다. 일주일을 주의 뜻대로 살게 해 달라고, 그리고 잘못된 것은 잡아 주고 주의 뜻대로 살게 해 달라고 기도를 하죠. 담배도 끊은 지도 몇 년 되었고.

질문: 신앙생활 하시면서요?

대답: 네. 술도 올해부터 거의 안 먹다시피 하고 있고

질문: 열심히 하려고 하시는군요?

대답: 제가 사업 실패를 많이 했어요. 사기도 계속 당하고 그랬는데

질문: 사모님은 교회를 오래 다니셨나요?

대답: 그렇죠.

질문: 거의 어렸을 때부터?

대답: 어렸을 때부터 다니고 시집와서 한 동안 안 다니다가 몇 년 있다가 다니기 시작해서 계속 다니죠.

질문: 자녀분들은?

대답: 제가 딸이 하나 있는데 딸도 모태신앙이죠.

질문: 그러면 신앙에 대해서 한 가지만 더, 같은 질문인데 사후에는 어떻든지 지금 이 생활에서.

대답: 현실에 충실하려고 애쓰고 있습니다.

질문: 예수 그리스도가 내 생활에 주인이 된다는 생각은 하고 계시

죠?

대답: 네.

질문: 저희가 여쭤보고 싶은 것은 자살에 대한 것이라서 그 부분에 직접 들어가서 여쭤보고 싶은데, 저희가 설문했을 때 그 부분에 대해서 심각하게 고민하신 적이 있다고 대답을 하신 것 같아요. 그 상황에 대해서 말씀을 좀 해주시겠어요?

대답: 저 같은 경우는 사업을 일찍 시작해서 그것을 계속 했는데 본격적으로, 크게도 했었어요. 그런데 사기도 당하고 힘들 땐 별 생각이 다 들어요. 솔직히 창피한 얘기인데 신용불량자 되고 여기저기 쪼이고 그러다 보면, 뭐 교회 백날 나가 봐야 솔직히 여기서 '이번만 살게 해 주시면, 나에게 힘과 용기와 지혜를 주시면 열심히 살겠다.'고 이렇게 몇 년을 했는데 점점 조이고 그러면, 또 하나 잘못된 것이 있어서 집에 압류 딱지까지 붙으면 살 맛 없어요, 정말.

질문: 최근 얘기인가요?

대답: 그렇죠, 작년하고 이번 겨울까지 얘기죠. 그땐 정말 심각해요. 부모가 물려준 재산은 많이 없지만 그것을 지키지 못하고 까먹다시피 하고 집 한 채 달랑 남았는데 그것까지, 사업하다가 실패해서 상대편에서 압류 들어오고 그럴 때는 '내가 이렇게 무능한가, 부모가 주신 것 지키지도 못하고 이렇게 까먹고 온갖 고생을 할 바에는 나 하나 죽으면 편하게 살 수 있지 않겠나?' 하는 생각이 듭니다.

질문: 혹시 그런 고민을 하시면서 주위 분들하고 같이 상담을 한다든지 의논을 해 보시지는 않으셨나요?

대답: 그 고민은 나 혼자의 고민이고...

질문: 사모님하고도 얘기를 안 하시고요?

대답: 안 하죠. 아니 어떤 부인이 '내가 나 자살하면서 평생 잘살게 해 줄게, 보험 든 것이 얼마나 있어?' 물어보면 '그래 당신 죽어.' 하는 사람이 있어요? 말도 안 되지. 아예 얘기도 않고 혼자 고민 하고, 혼자 생각이죠. 그렇게 하다가 몇 번 당하고 실패를 하다 보니까, 이게 한 번 안 되면 연쇄반응으로 도미노식으로 계속 더 안 돼요.

질문: 사업이요?

대답: 네. 그러면 그럴 때 꼭, 내가 한번 젊었을 때도 경험을 했는데 '샤'자가 있는 꾼이 껴요.

질문: '샤'자는?

대답: 사기꾼 같은 친한 놈이 후배 중에 있었는데 완전히 이제 막 걸음마를 땐 사람을 밟아 놓고 뛰는 놈이 있어요. 그럴 때 살맛이 안 나요. 거의 십 몇 년을 후배로 '형님, 형님' 하면서...

질문: 가까운 후배가요?

대답: 네. 내가 외아들인데 자기가 친동생이나 마찬가지라고, 집안에 도 날 친형님이나 마찬가지라 그러고. 아버님이 재작년에 돌아 가셨는데, 내가 외국에 나가 있을 때 와서 이틀 밤을 샌 녀석 이 작년 여름에 나한테 사기를 쳤을 때는 살맛이 안 났어요. 쓰러져서 허우적거리는 나를 밟아 놓았어요. 그때는 다른 생각 이 안 났죠. 집사람이 나 몰래 보험을 든 것이 몇 개나 있나 하 는 생각이 들고, 뒤져 보게 돼요. 타면 얼마나 될까, 자살이 아 니고 내가 합법적으로 죽으면 식구들과 아버님, 어머님이 잘 살 수 있지 않은가, 나 때문에 평생 이 고생을 하지 않아도 되지

않나, 솔직하게 이런 생각이 듭니다. 그런데 이제는 조금씩 일어나기 시작합니다. 친구가 비슷한 직종을 한 소개시켜 줘서 올 봄부터 일어나고 있습니다. 그 때 설문조사를 할 때 자살 생각한 적이 있냐고 해서 솔직히 심각하게 한 적이 있다고 했어요.

질문: 얼마 기간 동안 심각하게 고민을 하셨나요?

대답: 한 일주일, 삼, 사일 이상 했죠. 제가 보험을 들어 놓은 곳이 몇 군데 있는데 자살은 보험이 안 되잖아요. 합법적으로 죽으면 되는데, 하다못해 내가 차를 몰고 나가다가 계속 나가버려도 되는 것이고, 지방 시골길이나 해안 도로를 가다가 빠져도 되는 것이고, 여러 가지가 있죠. 운전미숙으로 할 수도 있는 것이고. 그런 생각까지 했었는데 그렇게 살 것이 아니더라고요.

질문: 어떻게 그렇게 아니다 라고 생각을 하셨어요?

대답: 가족이죠. 그리고 팔순 어머니가 계시는데 아들 하나가 그러면 사시겠어요? 집사람도 그렇고 딸아이도 그렇고 그래서 내가 다시 한 번 마음을 먹자, 이 고비만 넘기자, 넘기자 그랬죠. 교회에서 기도도 나 혼자 열심히 했어요.

질문: 그 문제를 가지고요?

대답: 네. 그런데 가면 그렇게 눈물이 나서

질문: 교회서요?

대답: 네. 그리고 집으로 오는데 찬송가를 부르면 눈물이 흘러요. 살아날 거예요, 다시 일어날 자신이 있어요. 경매 들어오는 것을 나쁘게 생각을 안 하고 그것을 기회로 해서, 법무사니 변호사 사무실에 알아보다가 이번에 개인 파산을 신청했거든요. 그러니까 또 웬만히 해결이 되더라고요. 급하게 그런 것들이 해결이 되니까 가능성은, 거기서는 80-90% 이상은 받아들인다고 하

는데 그럴 가능성이 100% 있다고 생각을 해야지요, 일단. 그러면 다시 일어나서 살 수 있으니까. 사업 몇 번 실패하다 보면, 그런데 내가 젊었을 때 한 번인가 두 번 실패를 해서 40 넘어 50 가까이 돼서 실패를 안 하겠다고 생각을 했는데 또 당하네요. 사기꾼들 앞에서는 당할 수 가 없어요. 내가 잘못해서, 저는 원래 컴퓨터 계통에서 한 20년 있었어요. 전자 상가에서도 오래 있었고, 조립, 수리 뭐 이런 것을 다 했는데 PC가 요즘은 사양길에 접어드니까 보안카드 계통으로 진출을 했거든요. 그런데 그것이 판매부진이 된 거예요. 국내에 해적판이 돌아다니고 그러니까. 그래서 중국에 진출을 해서 다 되려고 했는데 중국에 다리를 놔준 사람이 알코올 중독이 돼서 입원을 하고 그러더니 폐암으로 죽어버리고 아주 이래저래... 그래서 판매부진으로 헤매고 있을 때 후배가 소프트 계통으로 관공서에 프로그램 개발이 있거든요, 그것을 맡아서 가서 용역 계통으로 일을 하면 된다, 자기가 등록을 해서. 그러더니 계약금 받아서 가로채고, 그 쪽 회사에서는 제가 대표로 되어 있으니까 저한테 손해배상 청구를 하는 거예요. 중간에 이사로 있던 사람은 도망가고 저한테 다 치고 들어오더라고요. 그래서 압류되고 경매처분 일어나고 그랬죠. 이런 것은 안 겪어 보면 몰라요. 제 친구들 중에 장교 출신도 있고, 변호사도 있고 그런데 얘기하다 보면 파란만장 한 것은 제가 제일 파란만장하더라고요.

질문: 사업은 언제부터 시작했나요?

대답: 오래되었죠. 거의 20년 됐죠.

질문: 그럼 학교 졸업하시고 군대 갔다 오시고 사회생활을 하셨네요?

대답: 저는 공대를 졸업했어요. 75학번인데 직장 생활을 조금 하다가

바로 사업을 하게 됐죠.

질문: 그럼 그동안에는 순탄하게 하시다가 최근에 그런 일을 겪으셨군요?

대답: 네. 88년도에 제가 이 컴퓨터 업계에 뛰어들었거든요, 85년도에 제가 또 한 번 당했어요. 서른 몇 살 때인가 비닐가공 공장을 하다가 과장을 했던 사람한테 사기를 한 번 당했어요. 그래서 그때도 한 번 처리하고, 88년도에 컴퓨터 업계에 들어와서 꾸준히 했어요. 그런데 요 3-4년 사이에 이렇게 되었어요.

질문: 그런 순간에 해결 방안에 대한 어떤 생각이 드세요?

대답: 제가 신앙생활을 열심히 한 것이 5-6년 그냥 안 되니까 그 전에 거의 제가 해결을 했었고 소프트 쪽으로 사업을 시작하면서부터 교회를 다니게 됐죠. 신앙생활은 직분을 받은 후에 열심히 하기 시작했죠.

질문: 집사 직분을 받으셨나요?

대답: 네. 저 같은 돌팔이도 주더라고요. 안 받으려고 했는데 나이 먹은 사람이 그냥 다니기는 그렇고 하니까 주신 것 같아요. 저희 교회는 장로들도 저보다 어리고 하니까, 제 또래에 교회 다니는 사람이 별로 없나 봐요. 그러니까 줬지. 불만들이 많더라고요. 제 작년에 받았나?

질문: 아까 말씀하셨던 것 같은데 교회에 다니면서 자살 문제에 대해 생각할 때 교회의 가르침하고는 반대된다고 생각하신 적이 있으신가요?

대답: 있죠. 교리에도 나와 있잖아요, 자살은 최고의 악이라고.

질문: 그런 말씀을 어디서 들으셨어요?

대답: 성경에서도 본 적이 있고, 장경동 목사님이 설교할 때 그 이야기

를 많이 해요. 기독교 방송에서 그 목사님이 설교하시는 것을 보면 자살은 죽어도 안 된다는 말씀을 많이 하세요.

질문: 그런 얘기를 심각하게 고민하시기 전에 그 말씀을 들으셨던 건가요?

대답: 들었죠. 그 후에도 듣고...

질문: 본 교회의 목사님이 아니더라도 장경동 목사님의 설교를 듣고 알고 계셨는데도 막상 고민하게 될 때는 그것이 별로 효과가 없던가요?

대답: TV설교 한 두 번 듣고 그것이 마음에 와서 닿을 정도라면...

질문: 그래도 그것이 목사님의 가르침이니까.

대답: 그분이 그 말씀을 많이 하세요. 그분은 자살하고 이혼을 절대 반대하세요. 설교 중에 몇 번 듣다보면 그런 얘기가 꼭 나와요.

질문: 죄송한 말씀이지만 그렇게 들었는데도 막상 그 문제를 가지고 고민을 할 때는 성경에 가르침에 맞지 않는다는 것을 알아도 당장은 문제가 해결이 안 되니까 결국에는 그런 식으로 생각을 하시게 되는 것인가요?

대답: 그렇죠. 그렇다고 그렇게 할 용기도 없고, 아무나 자살하는 것 아닌 것 같아요. 그런데 한 순간인 것 같아요.

질문: 그런데 TV를 보면 상당히 오랫동안 치밀하게 준비하는 것 같던데요?

대답: 그것은 진짜 머리가 좋은 사람들이고 순식간에 자살충동이 와요.

질문: 자살하는 것도 신앙과 관련이 있다고 생각하세요, 아니면 별개라고 생각하세요?

대답: 관련이 있죠.

질문: 어떤 점에서 그렇게 생각하세요?

대답: 신앙이 물론 깊지가 않아서 그럴 수 있는데, 신앙도 경제적인 여력이 없으면 신앙생활이 힘들어요. 목사님들이 떡 팔아서 10원 내고, 50원 벌어서 5원 내고, 뭐 이렇게 몇 백억을 벌었다고 하는데 그것은 전설에 나오는 얘기이고, 교회에 가서 경제적인 여력이 없으면 내가 신앙이 없어서 그런지 모르겠는데 떳떳하지도 못하고, 남 하는 십일조를 내고 싶은데 3-4년을 내가 수입이 없으니. 나는 그래도 괜찮은데 남들이 볼 때 허우대는 멀쩡해서 십일조도 안 하고 몇 년씩을 다니고, 물론 내가 수입이 없는 것은 모르겠죠. 그것은 내가 떠들고 다니고 싶지 않으니까. 이런 것, 저런 것, 복합되면 신앙이 아무리 깊어도 갈등을 하게 되어 있어요, 제 생각은 그래요. 집사람이 십일조를 하긴 하는데 집사람이 버는 돈이고, 금액이 적으니까 집사람 이름만 적어요, 그러니까 전 완전히 빠지는 거예요. 주보에 명단이 나오니까 누가 봐도 알잖아요. 모든 것이 경제에 좌우되더라고요, 나이 50 넘으니까 어쩔 수가 없더라고요.

질문: 자살 부분에 대해서 아까 다 말씀하신 부분인데 좀 더 정확하게 하기 위해서, 그렇게 고민을 하다가 극복을 하셨는데 극복하는 과정에서 어떤 점이 크게 작용을 했나요?

대답: 난 내 가족을 위해서 살아야겠다, 아직은 내 나이가 아깝다. 그리고 내 의지에요, 하나님도 의지하고. 그리고 주의 뜻대로 살게 해 달라고 주일마다 기도합니다.

질문: 이렇게 여쭤봐서 죄송한데 자살을 심각하게 고민하실 때 구체적으로 계획을 세워 보기도 하셨나요?

대답: 그렇죠, 조금 세웠죠. 그런데 자살도 남이 자살이라고 알게 자

살을 하면 그건 바보에요. 자살도 등급이 있어요.

질문: 왜 바보라고 생각하시는지 얘기 좀 해주세요.

대답: 남들이 자살이라고 알게 되면 주위 사람도 평판이 안 좋고, 죽은 사람도 창피한 것이고, 주위 식구들한테 피해를 주는 거예요. 그래서 사고사라든지.

질문: 저도 짐작은 하는데 선생님께서 왜 주위 사람들한테 어떤 피해를 준다고 생각을 하시는 거죠?

대답: 저부터도 동서가 자살을 해서 죽었지만, 뭐 집안에 문제가 있다, 마누라가 잘못 됐다, 처제가 잘못된 것이다, 다 인식이 그렇게 되어 있어요. 남편이 자살할 정도로 고민한 것도 모르고 여자는 돈만 가져다 달라고 그러고, 여자는 돈만 펑펑 쓰고 다니지 않았냐, 집안이 그렇게 될 동안 뭐 했냐, 등등.

질문: 선생님께서도 고민하실 때는 사모님하고 의논을 안 하셨잖아요?

대답: 안 했죠.

질문: 그것이 사모님께 문제가 있어서 얘기를 안 하신 것은 아니잖아요?

대답: 우린 그랬죠, 워낙 없었으니까. 그런데 그 집은 평생을 남편한테 돈만 타 쓰는 사람이니까. 20년 전에 생활비가 400만 원이면.

질문: 그 정도로 재력이 있으셨어요?

대답: 그때 재산이 8억이었으니까 지금은 80억이 될 거예요. 그것을 다 까먹었죠. 그때 생활비가 400이고, 부부가 차를 가지고 다니고, 40평대의 아파트에 살고, 땅이 수원에 있고, 뭐 어디에 있고 이런 식으로 살다가 생활이 어려워지고 사업이 안 되면 이것을 줄여야 하는데 처제는 그대로 사는 거예요. 집에 가전제품이 다 외제고, 애는 유학 보내고, 그래서 내가 얘기를 했어요, 집안을

망하게 하려면 예능, 악기를 가르치라고.

질문: 그런데 선생님 가정은 그런 것은 아니잖아요, 그러면 혹시라도 남편이 자살을 했더라도 사모님께서 그런 비난을 듣지 않을 것 아니에요?

대답: 아니죠.

질문: 그런데도요?

대답: 그래도 듣겠죠. 부모 중에 누가 자살을 했다면 자식이 제대로 되지 않습니다. 애도 정상적으로 자랄 수가 없고, 그 충격이 평생을 가요. 그리고 주위에서 알면 그 집에 딸이 있으면 아들도 안 주고, 아들이 있으면 딸도 안 줘요.

질문: 그러면 아까 말씀하신 등급은 어떤 것이 있나요?

대답: 남이 자살이라고 알면 등급이 낮은 것이고 고차원적인 것은 합법적으로 죽은 것, 어쩔 수 없이 죽은 것, 그래야 솔직한 얘기로 보험이 나오고, 주위에서 '아까운 사람이 갔네.' 이런 식으로라도 얘기를 하지.

질문: 그럼 그런 방법 중에 고안하신 것이라도 있으세요?

대답: 만만한 것이 차 사고죠. 지금 해안 도로에 좋은데 많잖아요. 일 때문에 갔다고 하고 시속 100Km 이상으로 밟아 봐요. 그냥 가버리지. 그리고 차가 전복 되어서 바나에 빠져 버리면 그냥 가버리는 거지, 살아 나와요?

질문: 그런 순간들에 본인이 생각할 때 경제적인 문제가 해결되는 것이 먼저라고 생각하세요, 아니면 본인의 의지가 더 중요하다고 생각하세요?

대답: 의지가 있어야죠. 해결될 때를 바라보면 언제 해결될지 몰라요. 그냥 빨리 마음을 고쳐 먹었죠.

질문: 어떻게요?

대답: 이것이 답이 아니다, 이 방법, 저 방법 다 써 보자. 궁하면 통하
잖아요, 마음을 고쳐 먹어야지, 거기에 솔직한 얘기로 신앙도
있어요. 자살은 죄악이라는 것을 내가 아니까.

질문: 어려울 때 가족은 어떤 의미에요?

대답: 가족이 없었으면 갔을 겁니다. 가족이 있으니까 참고 견딘 거죠.
일단은 가족이 최고죠. 저 술도 엄청 먹었어요. 친구한테 술 사
달라고 하면 잘 사 줘요, 후배도 그렇고.

질문: 말씀 감사합니다.

Their Suicide And We..

그들의 자살, 그리고 우리